A PRODUÇÃO ANTECIPADA DE PROVAS COMO INSTRUMENTO DE VIABILIZAÇÃO DOS MEIOS ALTERNATIVOS DE SOLUÇÃO DE CONFLITOS

Editora Appris Ltda.
1.ª Edição - Copyright© 2024 da autora
Direitos de Edição Reservados à Editora Appris Ltda.

Nenhuma parte desta obra poderá ser utilizada indevidamente, sem estar de acordo com a Lei nº 9.610/98. Se incorreções forem encontradas, serão de exclusiva responsabilidade de seus organizadores. Foi realizado o Depósito Legal na Fundação Biblioteca Nacional, de acordo com as Leis nos 10.994, de 14/12/2004, e 12.192, de 14/01/2010.

Catalogação na Fonte
Elaborado por: Dayanne Leal Souza
Bibliotecária CRB 9/2162

C331p
2024
	Carvalho, Danielle Ciolfi de
	   A produção antecipada de provas como instrumento de viabilização dos meios alternativos de solução de conflitos / Danielle Ciolfi de Carvalho. – 1. ed. – Curitiba: Appris, 2024.
	   167 p. ; 23 cm. – (Coleção Direito e Constituição).
	
	   Inclui referências.
	   ISBN 978-65-250-7150-3
	
	   1. Processo civil. 2. Antecipação da prova. 3. Autocomposição. 4. Solução de conflitos. 5. Direito autônomo à prova. 6. Cultura de pacificação. I. Carvalho, Danielle Ciolfi de. II. Título. III. Série.
	
	                                        CDD – 347

Livro de acordo com a normalização técnica da ABNT

Appris
editora

Editora e Livraria Appris Ltda.
Av. Manoel Ribas, 2265 – Mercês
Curitiba/PR – CEP: 80810-002
Tel. (41) 3156 - 4731
www.editoraappris.com.br

Printed in Brazil
Impresso no Brasil

Danielle Ciolfi de Carvalho

A PRODUÇÃO ANTECIPADA DE PROVAS COMO INSTRUMENTO DE VIABILIZAÇÃO DOS MEIOS ALTERNATIVOS DE SOLUÇÃO DE CONFLITOS

Appris
editora

Curitiba, PR
2024

FICHA TÉCNICA

EDITORIAL
Augusto Coelho
Sara C. de Andrade Coelho

COMITÊ EDITORIAL
Ana El Achkar (Universo/RJ)
Andréa Barbosa Gouveia (UFPR)
Antonio Evangelista de Souza Netto (PUC-SP)
Belinda Cunha (UFPB)
Délton Winter de Carvalho (FMP)
Edson da Silva (UFVJM)
Eliete Correia dos Santos (UEPB)
Erineu Foerste (Ufes)
Fabiano Santos (UERJ-IESP)
Francinete Fernandes de Sousa (UEPB)
Francisco Carlos Duarte (PUCPR)
Francisco de Assis (Fiam-Faam-SP-Brasil)
Gláucia Figueiredo (UNIPAMPA/ UDELAR)
Jacques de Lima Ferreira (UNOESC)
Jean Carlos Gonçalves (UFPR)
José Wálter Nunes (UnB)
Junia de Vilhena (PUC-RIO)

Lucas Mesquita (UNILA)
Márcia Gonçalves (Unitau)
Maria Aparecida Barbosa (USP)
Maria Margarida de Andrade (Umack)
Marilda A. Behrens (PUCPR)
Marília Andrade Torales Campos (UFPR)
Marli Caetano
Patrícia L. Torres (PUCPR)
Paula Costa Mosca Macedo (UNIFESP)
Ramon Blanco (UNILA)
Roberta Ecleide Kelly (NEPE)
Roque Ismael da Costa Güllich (UFFS)
Sergio Gomes (UFRJ)
Tiago Gagliano Pinto Alberto (PUCPR)
Toni Reis (UP)
Valdomiro de Oliveira (UFPR)

SUPERVISORA EDITORIAL
Renata C. Lopes

PRODUÇÃO EDITORIAL
Adrielli de Almeida

REVISÃO
Roberta Braga

DIAGRAMAÇÃO
Amélia Lopes

CAPA
Daniela Baum

REVISÃO DE PROVA
Sabrina Costa

COMITÊ CIENTÍFICO DA COLEÇÃO DIREITO E CONSTITUIÇÃO

DIREÇÃO CIENTÍFICA
Antonio Evangelista de Souza Netto (PUC-SP)

CONSULTORES
Ana Lúcia Porcionato (UNAERP)

Arthur Mendes Lobo (UFPR)

Augusto Passamani Bufulin
(TJ/ES – UFES)

Carlos Eduardo Pellegrini (PF - EPD/SP)

Danielle Nogueira Mota Comar(USP)

Domingos Thadeu Ribeiro da Fonseca
(TJ/PR – EMAP)

Elmer da Silva Marques (UNIOESTE)

Georges Abboud (PUC/SP)

Guilherme Vidal Vieira (EMPAP)

Henrique Garbelini (FADISP)

José Laurindo de Souza Netto
(TJ/PR – UFPR)

Larissa Pinho de Alencar Lima (UFRGS)

Luiz Osório de Moraes Panza (Desembarga-
dor TJ/PR, professor doutor)

Luiz Rodrigues Wambier (IDP/DF)

Marcelo Quentin (UFPR)

Mário Celegatto (TJ/PR – EMAP)

Mário Luiz Ramidoff (UFPR)

Maurício Baptistella Bunazar (USP)

Maurício Dieter (USP)

Ricardo Freitas Guimarães (PUC/SP)

Ao meu filho, Renan, meu raio de sol, cuja existência trouxe brilho e calor aos meus dias. Ao meu esposo, Fernando, por sua lealdade e confiança que me permitem sonhar. À minha mãe, Eliane, por sua dedicação e amor incondicional. Ao meu herói Márcio, pelas conversas infindáveis, pelo abraço sincero, pelos devaneios que nos fizeram rir até tarde da noite, momentos que carregarei na memória até a próxima vida. Aos meus irmãos, pelo amor e sentimento de unidade. Aos amigos e irmãos Flaviano e Elisandra, pelas oportunidades concedidas, as portas que me abriram nos momentos difíceis.

AGRADECIMENTOS

Não poderia deixar de consignar, nesta oportunidade, meus sinceros agradecimentos ao Dr. William Santos Ferreira, professor e orientador, além de profissional cuja competência e dedicação são atributos que o fazem ímpar no que se refere ao direito probatório e cujo aceite ao pedido para orientar-me neste trabalho muito me honrou.

Ao meu querido amigo Eduardo Remédio, por seu coração imenso, carisma e bondade, pessoa que não mediu esforços para me ajudar e sem o qual, certamente, não teria conseguido concluir este projeto em um momento cujas adversidades tão bravamente se levantaram.

APRESENTAÇÃO

O novo Código de Processo Civil, em diversas passagens de seu texto, visou estimular os meios alternativos de resolução de controvérsias, adotando a consensualidade como verdadeira política pública, no intento de reduzir o contingente de demandas levadas para apreciação pelo Poder Judiciário, bem como de promover a autêntica pacificação social, obtida com maior sucesso quando resultada de solução dialógica entre os contendentes.

Dentre os meios explorados pelo Código para fomentar referida consensualidade, encontra-se a produção antecipada de provas instrumentalizada para viabilizar a autocomposição ou outro meio adequado de solução de conflito.

Porém, para que a antecipação da prova com o fito de viabilizar a autocomposição seja bem-sucedida em seu propósito e para que seja aplicada de maneira apropriada, mister se faz às partes que cumpram com deveres e respeitem as limitações que o ordenamento jurídico impõe (os quais abordarei pormenorizadamente mais adiante), mas para que tudo funcione é imperiosa a necessidade de romper com a cultura da litigiosidade, ademais, talvez seja ela o maior obstáculo à implementação da antecipação probatória para fins autocompositivos, e, é nesse cenário que entendeu-se que a existência de meio que fomenta a autocomposição pode não ter qualquer efeito se não tentarmos transformar os paradigmas e os costumes litigiosos predominantes na formação jurídica e na sociedade em geral.

Em resumo, a ação probatória autônoma tem como escopo orientar os sujeitos à tomada das decisões mais pertinentes à proteção de seus interesses, despontando na solução consensual de forma genuína e voluntária, pois a solução da controvérsia estará fundada no pleno conhecimento e domínio das circunstâncias fáticas pelos contendentes. Sua instrumentalização pode ter grande repercussão e utilidade em nosso sistema processual se sua implementação for aceita na práxis jurídica, e, para tanto, é necessária adequada abordagem, principalmente em meio acadêmico.

PREFÁCIO

Danielle Ciolfi de Carvalho foi minha aluna no Curso de Especialização em Direito Processual Civil da Faculdade de Direito de Ribeirão Preto da Universidade São Paulo (FDRP-USP), em que tenho a honra de ser professor convidado desde a primeira turma, para tratar de tema que é meu dia a dia na academia e na advocacia, o "Direito Probatório".

No primeiro contato, já demonstrou ser aluna extremamente interessada pelo processo civil e, mais especificamente, pelo direito probatório. Lembro-me de tê-la encontrado com o marido nas Jornadas Brasileiras de Direito Processual do Instituto Brasileiro de Direito Processual (IBDP), o que só confirmou, ainda mais, o seu interesse e o seu comprometimento. Procurou-me para ser o seu orientador de monografia, o que prontamente aceitei. Sempre preocupada e zelosa, optou por um tema que nas aulas eu destacava como um novo paradigma, a produção antecipada de provas como *instrumento de viabilização dos meios alternativos de solução de conflitos*.

Sim, ao lado do relevante papel de "produção antecipada", terminologia muito indicada para quem pensa em obtenção de provas para "justificar ou evitar" litígios, nitidamente como uma precipitação no tempo do módulo probatório, há uma função de levar informações mais precisas para as partes e seus advogados e advogadas, viabilizando um "direito à informação", pois nem sempre as partes conhecem todos os meandros e informações sobre o tema que as envolve. Basta se imaginar um diretor jurídico de uma grande empresa — o que terá de informações sobre um grave acidente com um dos caminhões da empresa, cujo motorista morreu no acidente? Muito pouco. Mas com informações seguras e até uma ciência da razão da parte, em um ambiente ético, de boa-fé e, especialmente, de cultura de solução não litigiosa (inúmeras vezes menos custosa!), terá esse diretor elementos para um diálogo consensual efetivo.

Além disso, mesmo em ambientes de "conflito severo", produção de provas sem o ajuizamento da demanda pode dar às partes os elementos instrutórios suficientes para elas mesmas serem as *destinatárias da prova*, valorarem o conjunto probatório e concluírem sobre suas reais chances em um futuro litígio e, desse modo, avaliarem o quanto melhor pode ser uma solução não conflitiva. Isso sem se falar em custos inferiores, mesmo antes de demandas arbitrais.

Enfim, o tema é riquíssimo e, percebendo isso, com minha orientação na especialização, Daniele desenvolveu seu trabalho de conclusão de curso, aprovada em banca composta por mim e pelo coordenador da especialização, Prof. Camilo Zufelato.

Com linguagem direta e doutrina brasileira de primeiro quilate, o trabalho reúne uma gama de informações sobre o objeto do estudo, inclusive sobre os meios de prova, culminando no capítulo atinente à *função* da produção antecipada como instrumento de viabilização e, por que não dizer, de estímulo dos meios alternativos de solução de conflitos, sendo um a um comentados, levando ao interessante "Desafio à cultura da litigiosidade jacente", em que a autora vislumbra um oceano de oportunidades, desde que superada a "cultura estritamente litigiosa" do Brasil.

O trabalho da ontem aluna, hoje autora é mais um passo importante para esse desenvolvimento, em que o processo para evitar demandas não é instrumento de profissionais que não querem trabalhar, imagem tão arraigada na cultura brasileira que desconsidera estrategistas de solução, preferindo guerreiros e guerreiras de litígios (intermináveis...), o que está mudando, porque a técnica processual estudada é demonstração de uma estratégia inteligente, racional e de alta eficiência para solução efetiva de conflitos.

Santana de Parnaíba-SP, 19 de dezembro de 2020.

William Santos Ferreira
Professor nos cursos de graduação, mestrado e doutorado
na Pontifícia Universidade Católica de São Paulo (PUC-SP).
Líder do Grupo de Pesquisa Processo Civil:
Tradições, transformações e perspectivas avançadas.
Advogado e consultor jurídico.

*Os bons valores estão aí, a serem vistos,
bastando procurá-los com vontade, inteligência e intenção.*

(Sidnei Agostinho Beneti)

SUMÁRIO

1

INTRODUÇÃO 19

2

TEORIA GERAL DA PROVA... 23

2.1 CONCEITO JURÍDICO DE PROVA 23

2.2 OBJETO DA PROVA.. 25

2.3 FINALIDADE DA PROVA 26

2.4 A PROVA E A BUSCA DA VERDADE 28

2.5 PRINCÍPIOS PROBATÓRIOS... 31

    2.5.1 Princípio da atipicidade da prova 31

    2.5.2 Princípio da proibição de utilização de provas ilícitas 32

    2.5.3 Princípios da aquisição e comunhão da prova 33

    2.5.4 Princípio da máxima eficiência dos meios probatórios 34

    2.5.5 Princípio dos deveres-poderes instrutórios do juiz 35

2.6 DESTINATÁRIOS DA PROVA 37

    2.6.1 O juiz como destinatário 37

    2.6.2 As partes como destinatárias da prova: fundamentos 38

        2.6.2.1 A decisão judicial e seu convencimento motivado 38

        2.6.2.2 O princípio da cooperação 40

        2.6.2.3 O direito autônomo à prova 42

3

DIREITO AUTÔNOMO À PROVA... 45

3.1 NOTAS INTRODUTÓRIAS 45

3.2 DIREITO À PROVA NA CONSTITUIÇÃO FEDERAL DE 1988.................. 46

    3.2.1 A constitucionalização do Direito e do Processo 46

    3.2.2 O "processo justo", as garantias fundamentais do processo e a prova 48

        3.2.2.1 O "processo justo" e a prova 48

        3.2.2.2 O contraditório, a ampla defesa e a prova: 50

        3.2.2.3 O acesso à justiça e a prova................................... 52

        3.2.2.4 A fundamentalidade do direito autônomo à prova 54

3.3 DIREITO À PROVA NO DIREITO INTERNACIONAL
DOS DIREITOS HUMANOS 56
3.4 DIREITO À PROVA NOS CÓDIGOS DE 1973 E DE 2015 59
3.5 NÚCLEO ESSENCIAL DO DIREITO À PROVA 60

A PRODUÇÃO ANTECIPADA DA PROVA 67
4.1 PROVA ANTECIPADA NA SISTEMÁTICA DO CPC/1973........................ 67
4.1.1 Natureza jurídica do procedimento.. 67
4.1.2 A questão da nomenclatura 72
4.1.3 Hipóteses legais de antecipação da prova 74
4.1.3.1 Interrogatório (ou depoimento) da parte 75
4.1.3.2 Inquirição de testemunhas 78
4.1.3.3 Exame pericial... 79
4.2 PROVA ANTECIPADA NA SISTEMÁTICA DO CPC/2015 81
4.2.1 Notas introdutórias 81
4.2.2 Natureza jurídica do procedimento.. 82
4.2.3 Aspectos procedimentais da antecipação probatória no Novo CPC........ 85
4.2.3.1 Cabimento 85
4.2.3.1.1 Fundado receio de que venha a tornar-se impossível
ou muito difícil a verificação de certos fatos na pendência da ação 85
4.2.3.1.2 Prova a ser produzida é suscetível de viabilizar
a autocomposição ou outro meio adequado de solução de conflito 86
4.2.3.1.3 Prévio conhecimento dos fatos pode justificar
ou evitar o ajuizamento de ação 86
4.2.3.1.4 Arrolamento de bens e justificação 86
4.1.3.1.5 Provas passíveis de antecipação 87
4.2.3.2 Competência... 89
4.2.3.3 Procedimento 90
4.2.3.3.1 Petição inicial.. 90
4.2.3.3.2 Citação dos interessados 91
4.2.3.3.3 Despacho inicial 92
4.2.3.3.4 Defesa e recursos 93
4.2.3.3.5 Iniciativa probatória do requerido 93
4.2.3.3.6 Sentença, entrega dos autos e observações finais...................... 95

5
A ANTECIPAÇÃO DA PROVA COMO INSTRUMENTO DE VIABILIZAÇÃO DOS MEIOS ALTERNATIVOS DE SOLUÇÃO DE CONFLITOS 97

5.1 OS MEIOS DE SOLUÇÃO DE CONFLITOS 97

5.1.1 Meios alternativos e meios adequados
de solução de conflitos: Terminologia 97

5.1.2 Autotutela 99

5.1.3 A heterocomposição 100

5.1.3.1 Arbitragem 101

5.1.3.2 A jurisdição estatal 102

5.1.4 A autocomposição 104

5.1.4.1 Conceito de autocomposição e disponibilidade dos direitos 104

5.1.4.2 Renúncia 105

5.1.4.3 Desistência 106

5.1.4.4 A negociação 107

5.1.4.5 Conciliação 109

5.1.4.6 A mediação 111

5.1.5 Os meios alternativos de solução de conflitos e sua abordagem
no CPC de 2015 112

5.2 PROVA ANTECIPADA E SUA INSTRUMENTALIZAÇÃO NA SOLUÇÃO
ALTERNATIVA DE CONFLITOS 115

5.2.1 Inspiração no direito estrangeiro 115

5.2.1.1 O sistema inglês 117

5.2.1.2 O sistema estadunidense 118

5.2.2 Considerações à proposta processual 120

5.2.2.1 Ação probatória autônoma como via informativa 120

5.2.2.2 A natureza dúplice do procedimento 122

5.2.2.3 Deveres das partes e limites ao exercício do direito autônomo à prova 125

5.2.2.4 Os riscos de se suscitar a realização de acordos via coação
e/ou em condições injustas 130

5.2.2.5 Questionamentos quanto à limitação de defesas e recursos 134

5.2.2.6 Os deveres-poderes do magistrado no procedimento 138

5.2.2.7 O fomento à pacificação pela autocomposição 145

5.2.2.8 Desafio à cultura da litigiosidade jacente 147

CONSIDERAÇÕES FINAIS 151

REFERÊNCIAS 159

INTRODUÇÃO

A Lei n.º 13.105, de 16 de março de 2015, instituiu o Novo Código de Processo Civil (CPC), revogando-se a legislação anterior (Lei n.º 5.869, de 11 de janeiro de 1973 – Código de Processo Civil de 1973) e trazendo diversas inovações ao sistema jurídico processual brasileiro, dentre os quais, a ação probatória autônoma, por via da produção antecipada de provas.

A produção antecipada de provas, na sistemática do CPC de 2015, permite que se postule, em juízo, a produção de determinada prova, desde que: haja fundado receio de que venha se tornar impossível ou muito difícil a verificação de certos fatos na pendência de ação principal; a prova a ser produzida seja suscetível de viabilizar a autocomposição ou outro meio adequado para a solução do conflito; o prévio conhecimento dos fatos possa justificar ou evitar o ajuizamento de ação.

Antigo pleito doutrinário, a ação probatória autônoma se verifica nos casos em que a prova produzida antecipadamente não está, necessariamente, vinculada a um processo principal posterior. Assim, nas situações em que a prova é produzida para fins de solução alternativa do conflito ou para se evitar o ajuizamento da ação, diz-se que a ação que deu ensejo à produção probatória é um fim em si, embora dependa do preenchimento dos requisitos legais para ser viabilizada.

O presente livro ocupar-se-á da produção antecipada de provas como instrumento de viabilização dos meios alternativos de solução de controvérsias, demonstrando, a partir de profunda pesquisa, como o Código de 2015 acampou ideais autocompositivos, em diversas passagens de seu texto, e como tais referências tencionam transformar os paradigmas estruturais da consciência social e jurídica brasileiras.

Para tanto, far-se-á inicial abordagem ao tema da teoria geral da prova, estudando seu conceito, seu objeto e finalidade. Estudar-se-á, igualmente, a relação entre verdade e prova; os princípios probatórios e os destinatários da prova, tudo isso a fim de estabelecer as bases em que se assentarão as primitivas reflexões da pesquisa, necessárias para o desenvolvimento da proposta da obra.

Em seguida, discorrer-se-á acerca do direito autônomo à prova, analisando seus fundamentos constitucionais, legais e no Direito Internacional dos Direitos Humanos. Para se compreender a importância do assunto, tecer-se-ão breves palavras a respeito do movimento de constitucionalização do ordenamento jurídico infraconstitucional, incluindo o processo; as relações entre o devido processo legal, as garantias fundamentais e a prova; e, finalmente, a fundamentalidade do direito à prova e o núcleo essencial de dito direito.

O objetivo de se expor os pontos retromencionados é revelar a existência de um sólido direito à prova, podendo-se extraí-lo autonomamente ou da derivação de outros direitos fundamentais. Ademais, ao entender a prova como direito fundamental e ao apontar seu conteúdo, será evidenciado como sua efetivação e tutela são pressupostos para garantia da própria ordem jurídica.

Adentrando-se mais especificamente no tema em estudo, em sequência, tratar-se-á da regulamentação da produção antecipada de provas no Código de Processo de 1973 e no Código atual, a natureza jurídica do procedimento em ambas as legislações e, em especial, os aspectos práticos-procedimentais do instituto, definindo-se como se dá sua aplicação hodiernamente.

Finalmente, será estudado o tema central do livro: a instrumentalização da antecipação probatória para viabilização dos meios alternativos de solução de conflitos. Nesse sentido, apontar-se-ão os meios de solução de controvérsias com o escopo de se entender, dessa forma, a seara de utilização do acervo probatório produzido antecipadamente. Outrossim, serão indicadas as inspirações estrangeiras que influenciaram o legislador nacional na redação do texto normativo, em especial as fontes advindas do *common law*.

Fincadas as bases teóricas e normativas para compreensão da novidade legislativa, serão indicados os principais pontos de debate em relação ao assunto, especialmente a função informativa da ação probatória autônoma, o fomento legal à pacificação via autocomposição, a concepção da natureza dúplice do procedimento, os deveres das partes e os limites ao exercício do direito e os deveres-poderes do magistrado na condução do processo. Igualmente, analisar-se-ão, criticamente, as possíveis complicações decorrentes da lei, os desafios sociais e jurídicos nos quais a prova antecipada para fins de solução de conflitos por meio alternativo encontrará, em especial a resistência à cultura pacificadora, e os riscos de se suscitar resoluções injustas aos casos em contenda.

Findando-se a pesquisa, far-se-á apanhado geral, sintetizando-se os principais pontos estudados para que cheguemos às adequadas conclusões e possamos vislumbrar o futuro do instituto trabalhado.

2

TEORIA GERAL DA PROVA

2.1 CONCEITO JURÍDICO DE PROVA

Etimologicamente falando, de acordo com Silva, a palavra *prova* deriva do latim *proba*, de *probare*, significando demonstrar, reconhecer[1]. Complementa a análise etimológica Daniel Amorim Assumpção Neves, lecionando que o termo deriva do latim *probatio*, significando prova, ensaio, verificação, inspeção, exame, argumento, razão, aprovação, confirmação. Ademais, o verbo latino *probare* significa provar, ensaiar, verificar, examinar, reconhecer por experiência, aprovar, estar satisfeito de alguma coisa, persuadir alguém de alguma coisa, demonstrar[2]. Finalmente, constata-se que o adjetivo latino *probo*, cujo significado é bom, correto, verdadeiro[3], também tem estreita relação com a prova, haja vista que essa "está intrinsecamente ligada à verdade e à importância dessa para qualquer relação jurídica"[4].

O vocábulo *prova* não possui uniformidade conceitual no âmbito jurídico, em virtude da variedade de sentidos que podem lhe ser extraídos, não se tratando de tema pacífico na academia.

Com efeito, cuida-se de termo "plurissignificante"[5], podendo ter três principais sentidos, no campo processual, de acordo com a melhor doutrina: a prova como meio, a prova como atividade e a prova como resultado[6].

---

[1] SILVA, De Plácido e. *Vocabulário jurídico*. Rio de Janeiro: Forense, 2008. p. 1127.

[2] *Cf.* NEVES, Daniel Amorim Assumpção. *Manual de direito processual civil*. 8. ed. Salvador: Editora JusPodivm, 2016. p. 754.

[3] *Cf.* DINAMARCO, Cândido Rangel. *Instituições de direito processual civil*. São Paulo: Malheiros, 2009. v. III. p. 56.

[4] PAULA RAMOS, Vitor de. Direito fundamental à prova. *Revista de Processo*, v. 224/2013, p. 41-61, out. 2013.

[5] Utilizam tal expressão: CAMBI, Eduardo. *Direito constitucional à prova*. São Paulo, Revista dos Tribunais, 2001. p. 41; NEVES, Daniel Amorim Assumpção. *Manual de direito processual civil*. 8. ed. Salvador: JusPodivm, 2016. p. 754; ALMEIDA, Cleber Lúcio de. *Elementos da teoria geral da prova*: a prova como direito humano e fundamental das partes do processo judicial. São Paulo: Ltr, 2013. p. 28.

[6] Nesse sentido, conferir, entre outros: ALMEIDA, Cleber Lúcio de. *Elementos da teoria geral da prova: a prova como direito humano e fundamental das partes do processo judicial*. São Paulo: Ltr, 2013. p. 27-28; DIDIER,

A prova como meio deve ser entendida como os "instrumentos por meio dos quais são introduzidas no processo informações destinadas à demonstração da ocorrência dos fatos objeto de controvérsia"[7].

A prova como atividade, ou ato de provar, se refere à "atividade desenvolvida pelas partes e pelo juiz visando à demonstração/verificação da ocorrência dos fatos controvertidos"[8].

A prova como resultado tem seu sentido vinculado ao convencimento do juiz (e das partes, como se defenderá neste livro), "formado a partir de elementos de convicção existentes nos autos, sobre a ocorrência dos fatos controversos"[9].

Em resumo: "para que a relação de direito litigiosa fique definitivamente garantida pela regra de direito correspondente, preciso é, antes de tudo, que o juiz se certifique da verdade do fato alegado"[10]. A demonstração da veracidade dos fatos alegados em juízo se faz por meio da prova. Logo, provar é demonstrar a ocorrência do fato aduzido pela parte como fundamento de sua pretensão (prova como atividade). Dita demonstração, contudo, é realizada por determinados meios (prova como meio) e seu objetivo é formar a convicção dos sujeitos do processo sobre a veracidade do que foi alegado (prova como resultado)[11].

Baseando-se em tais premissas, também se pode qualificar a prova sob aspectos objetiva e subjetivamente considerados. Efetivamente, sob o aspecto objetivo, a prova seria o "conjunto de meios destinados a demonstrar a existência ou inexistência dos fatos que interessam à solução da

---

Fredie; BRAGA, Paula Sarno; OLIVEIRA, Rafael Alexandria de. *Curso de direito processual civil*: teoria da prova, direito probatório, teoria do precedente, decisão judicial, coisa julgada e antecipação dos efeitos da tutela. 4. ed. Salvador: Juspodivm, 2009. v. 2. p. 42; NEVES, Daniel Amorim Assumpção. *Manual de direito processual civil*. 8. ed. Salvador: Editora JusPodivm, 2016. p. 754; DELLEPIANE, Antonio. *Nova teoria da prova*. Campinas: Minelli, 2004; FERRER BELTRÁN, Jordi. *Prueba e verdad en el derecho*. 2. ed. Madri e Barcelona: Marcial Pons, 2005. p. 27-28; CAMBI, Eduardo. *Direito constitucional à prova*. São Paulo, Revista dos Tribunais, 2001. p. 41.

[7] ALMEIDA, Cleber Lúcio de. *Elementos da teoria geral da prova*: a prova como direito humano e fundamental das partes do processo judicial. São Paulo: Ltr, 2013. p. 27.

[8] *Ibid.*, p. 28.

[9] *Ibid.*, p. 28.

[10] THEODORO JÚNIOR, Humberto. *Curso de Direito Processual Civil* – Teoria geral do direito processual civil, processo de conhecimento e procedimento comum. 56. ed. Rio de Janeiro: Forense, 2015. v. I, p. 897.

[11] Como já se adiantou e se demonstrará no decorrer do livro, a prova não tem como destinatário único o juiz. Com efeito, as partes também são destinatárias da prova. Essa anotação é importante, pois de acordo com a proposta da presente pesquisa, a prova, analisada sob a ótica exclusiva das partes, pode atuar como mecanismo de solução autocompositiva do conflito e, portanto, sem que seja valorada pelo magistrado, que não figurará como destinatário da prova em tais circunstâncias.

causa" e, sob o aspecto subjetivo, "é a própria convicção que o juiz forma sobre a existência ou inexistência de tais fatos"[12].

2.2 OBJETO DA PROVA

Também existe controvérsia doutrinária a respeito de qual seria o objeto da prova. Muitos juristas entendem que a prova recai sobre os fatos alegados pelas partes. Outros, porém, compreendem que o objeto da prova comporta as alegações sobre fatos.

Para os adeptos da primeira corrente, como os professores Moacyr Amaral Santos e Giuseppe Chiovenda, a prova tem por finalidade convencer o juiz quanto à existência ou inexistência dos fatos sobre os quais versa a lide, ou seja, os fatos não admitidos e não notórios[13]. Ademais, de acordo com essa linha, "nem sempre o objeto de prova é constituído de alegações, bastando para tanto lembrar os fatos que podem ser considerados de ofício pelo juiz, ainda que as partes não os tenham alegado no processo"[14].

De acordo com o entendimento de Cleber Lúcio de Almeida, são os fatos que fazem surgir, modificam e extinguem direitos. Logo, tais fatos deverão ser objeto de prova. Assim, afirmando a parte, em juízo, a ocorrência de determinado fato e pleiteando a sua consequência jurídica, a fim de tutelar um direito, a prova de mencionado fato é que condiciona o acolhimento de sua postulação. Como exemplo, cita que as testemunhas são inquiridas sobre a ocorrência de fatos, e não quanto às alegações sobre tais fatos[15].

Já para os defensores da segunda tese, "o fato ocorreu ou não, existe ou não, enquanto a veracidade atinge exclusivamente as alegações de fato, que podem ser falsas ou verdadeiras"[16]. Como assinala Cândido Rangel Dinamarco, o objeto da prova:

---

[12] LOPES, João Batista. Direito à prova, discricionariedade judicial e fundamentação da sentença. *In*: DIDIER JR., Fredie; JOBIM, Marco Félix; FERREIRA, William Santos (org.). *Grandes temas do Novo CPC*: Direito probatório. 2. ed. Salvador: Editora Juspodium, 2016. p. 49.

[13] SANTOS, Moacyr Amaral. *Primeiras Linhas de Direito Processual Civil*. 27. ed. São Paulo: Saraiva, 2011. v. 2. p. 377; CHIOVENDA, Giuseppe. *Principios de derecho procesal civil*. Madri: Instituto Reus, 1977, t. II, p. 299.

[14] NEVES, Daniel Amorim Assumpção. *Manual de direito processual civil*. 8.ed. Salvador: Editora JusPodivm, 2016. p. 760.

[15] Cf. ALMEIDA, Cleber Lúcio de. *Elementos da teoria geral da prova*: a prova como direito humano e fundamental das partes do processo judicial. São Paulo: Ltr, 2013. p. 49.

[16] NEVES, Daniel Amorim Assumpção. *Manual de direito processual civil*. 8. ed. Salvador: Editora JusPodivm, 2016. p. 760.

> [...] é o conjunto das alegações controvertidas das partes em relação a fatos relevantes para todos os julgamentos a serem feitos no processo, não sendo esses fatos notórios nem presumidos. Fazem parte dele as alegações relativas a esses fatos e não os fatos em si mesmos. Sabido que o vocábulo prova vem do latim *probus*, que significa bom, correto, verdadeiro, seque-se que provar é demonstrar que uma alegação é boa, correta e, portanto condizente com a verdade. O fato existe ou inexiste, aconteceu ou não aconteceu, sendo portanto, insuscetível dessas adjetivações ou qualificações. Não há fatos bons, corretos e verdadeiros, nem maus, incorretos, mendazes. As alegações, sim, é que podem ser verazes ou mentirosas – e daí a pertinência de prová-las, ou seja, demonstrar que são boas e verazes[17].

Mencione-se que, apesar da acalorada discussão acadêmica, a legislação parece ter adotado a primeira teoria, visto que os artigos 369 e 374, I, do Novo Código de Processo Civil, da mesma forma como faziam os artigos 332 e 334, I, do Código de 1973, preveem que são objeto da prova os fatos e que não dependem de prova os fatos notórios[18].

2.3 FINALIDADE DA PROVA

Doutrinariamente, muitos juristas entendem que a prova recai sobre os fatos alegados pelas partes. Outros, porém, compreendem que o objeto da prova comporta as alegações sobre fatos e que a finalidade da prova não é outra, senão convencer o magistrado da veracidade (ou da falsidade) dos fatos alegados e controvertidos. Nessa ótica, portanto, a prova visa esclarecer os fatos da causa e viabilizar a prolação de uma decisão justa. Sob esse aspecto, conforme ensina Cleber Lúcio de Almeida, a prova teria a finalidade de convencer o magistrado da ocorrência dos fatos alegados na ação ou defesa e tornar possível o acolhimento de sua pretensão[19].

---

[17]   DINAMARCO, Cândido Rangel. *Instituições de direito processual civil.* São Paulo: Malheiros, 2009. v. III. p. 56.

[18]   Prescrevem os mencionados dispositivos: CPC, Art. 369: As partes têm o direito de empregar todos os meios legais, bem como os moralmente legítimos, ainda que não especificados neste Código, para **provar a verdade dos fatos** em que se funda o pedido ou a defesa e influir eficazmente na convicção do juiz; Art. 374. Não dependem de prova os fatos: I - notórios; CPC/1973, Art. 332: Art. 332. Todos os meios legais, bem como os moralmente legítimos, ainda que não especificados neste Código, são hábeis para **provar a verdade dos fatos**, em que se funda a ação ou a defesa; Art. 334. Não dependem de prova os fatos: I – notórios.

[19]   *Cf.* ALMEIDA, Cleber Lúcio de. *Elementos da teoria geral da prova:* a prova como direito humano e fundamental das partes do processo judicial. São Paulo: Ltr, 2013. p. 85.

Além da finalidade intraprocessual, a prova, de acordo com Hernando Devis Echandía, tem um fim extraprocessual, pois visa dar segurança jurídica às relações humanas, prevenir e evitar os litígios e servir de garantia aos direitos subjetivos[20].

Sobre a função social da prova, Cleber Lúcio de Almeida discorre:

> À prova não pode ser negada relevância social, na medida em que ela: a) possibilita a confirmação e a realização concreta do direito objeto de disputa, contribuindo para a efetividade da ordem jurídico, bem como para a inclusão e a justiça social; b) viabiliza a participação das partes na construção da decisão no caso concreto e, com isso, na definição de seus direitos e de suas obrigações, o que constitui uma exigência do Estado Democrático de Direito; c) operando em favor da realização concreta dos direito assegurados pela ordem jurídica, favorece a proteção e a promoção da dignidade humana [...]"[21].

Contudo, como se adiantou supra, entendemos que a prova não tem como destinatário único o juiz, mas também as partes. Dessa maneira, deve-se desvincular da prova a ideia de que sua única finalidade é o convencimento do juiz da causa, pois sua importância e complexidade extrapolam aquela concepção. Afinal, a prova é a principal forma de atuação das partes no processo, buscando o convencimento do juiz quanto à pretensão deduzida. Igualmente, constitui um dos alicerces do processo justo e, portanto, do próprio Estado de Direito. Uma sentença fundada sem provas ou com violações ao direito probatório é extremamente danosa ao interesse público e prejudicial ao Estado[22]. Nas palavras de Guilherme Athayde Porto:

> [A prova] é instituto essencial para a manutenção do Estado Democrático de Direito e primordial para a consagração da ideia de um processo justo (com consonância com a noção de processo constitucional), impedindo, em face

---

[20] Hernando Devis Echandía. *Apud. Cf.* ALMEIDA, Cleber Lúcio de. *Elementos da teoria geral da prova*: a prova como direito humano e fundamental das partes do processo judicial. São Paulo: Ltr, 2013, p. 86.

[21] ALMEIDA, Cleber Lúcio de. *Elementos da teoria geral da prova*: a prova como direito humano e fundamental das partes do processo judicial. São Paulo: Ltr, 2013, p. 86-87.

[22] *Cf.* YARSHELL, Flávio Luiz. *Antecipação da prova sem o requisito da urgência e direito autônomo à prova*. São Paulo: Malheiros, 2009. p. 53.

de sua essência, a tomada de decisões arbitrárias ou não fundamentadas[23].

Como se verá no capítulo referente aos destinatários da prova, acreditamos, com fulcro na doutrina especializada, que a prova também tem como finalidade o esclarecimento das partes quanto às circunstâncias fáticas e jurídicas que lastreiam determinada situação. A prova, em tal situação, atuaria como instrumento de formação da convicção das partes e de determinação do seu posicionamento frente ao litígio (colaborando na decisão de demandar, resistir ou buscar um meio alternativo de resolução)[24].

2.4 A PROVA E A BUSCA DA VERDADE

Entendendo-se que a prova visa investigar a existência ou inexistência dos fatos sobre os quais versa o conflito ou, em outras palavras, a verdade de ditos fatos, podemos considerar, como fazem Sarlet, Marinoni e Mitidiero, que a verdade é pressuposto ético do processo justo:

> A verdade é pressuposto ético do processo justo. Uma das fontes de legitimação da função judiciária é a verdade [...]. É necessariamente injusta a decisão baseada em falsa verificação das alegações de fato no processo. Daí existir uma relação teleológica entre prova e verdade – a prova visa à apuração da veracidade das alegações de fato[25].

A busca da verdade é um dos principais objetivos do processo. É por meio dela que o juiz aplica o direito ao caso concreto. Realmente, a revelação da verdade no processo permite que se aplique a norma prevista no ordenamento jurídico correspondente à situação fática comprovada. Nos termos lecionados por Marinoni e Arenhart, o juiz deve aplicar o direito aos casos concretos e para que tal aplicação seja adequada, é imprescindível a devida reconstrução dos fatos[26].

---

[23] PORTO, Guilherme Athayde. Notas às disposições gerais sobre prova no NCPC. *In*: DIDIER JR., Fredie; JOBIM, Marco Félix; FERREIRA, William Santos (org.). *Grandes temas do Novo CPC*: Direito probatório. 2. ed. Salvador: Juspodivm, 2016. v. 5, p. 137.

[24] BRUNI V.A., André. Da admissibilidade na produção antecipada de provas sem o requisito da urgência (ações probatórias autônomas no novo CPC). *In*: DIDIER JR., Fredie; JOBIM, Marco Félix; FERREIRA, William Santos (org.). *Grandes temas do Novo CPC*: Direito probatório. 2. ed. Salvador: Juspodivm, 2016. v. 5, p. 563.

[25] SARLET, Ingo Wolfgang; MARINONI, Luiz Guilherme; MITIDIERO, Daniel. *Curso de direito constitucional*. São Paulo: Revista dos Tribunais, 2012, p. 656.

[26] *Cf*. MARINONI, Luiz Guilherme; ARENHART, Sérgio Cruz. *Prova e convicção*: de acordo com o CPC de 2015. 3. ed. São Paulo: Revista dos Tribunais, 2015. p. 30.

Doutrinariamente, costuma-se classificar a verdade em material ou substancial e formal. A verdade material ou substancial é aquela obtida no curso do processo. Por sua vez, entende-se por verdade formal aquela refletida no processo, juridicamente apta a sustentar a decisão judicial. Nas palavras de Marinoni e Arenhart, "o conceito de verdade formal identifica-se muito mais com uma 'ficção da verdade'"[27]. Em outros termos, após todo o trâmite processual, o juiz fará a reconstrução histórica dos fatos com base nos elementos dispostos nos autos, sentenciando conforme dita situação, independentemente de ela representar a verdade fática que ensejou o conflito.

Contudo, como alertam os autores supracitados, a ideia de verdade formal é inconsistente e vem perdendo seu prestígio no processo civil, "sendo mero argumento retórico a sustentar a posição de inércia do juiz na reconstrução dos fatos e a frequente dissonância do produto obtido no processo com a realidade fática"[28].

José Maria Tesheiner traz ferrenhas críticas à tradicional classificação da verdade em âmbito doutrinário. Para o processualista, não existem diferentes espécies de verdade, pois essa é determinada pela realidade dos fatos da causa, o que pode ser verificado dentro ou fora do processo. A verdade absoluta, para o autor, não pertence ao mundo das coisas humanas, quanto menos do mundo da justiça e do processo. Apesar de, no processo, existirem regras que podem limitar ou condicionar a busca da verdade, dita circunstância não implica na descoberta de uma verdade diversa daquela que se poderia obter fora do processo, mas que tão somente produz um déficit na apuração da verdade em sede processual[29].

Seja como for, é inegável que as provas não têm aptidão para conduzir à verdade de maneira segura e inquestionável. Elas apenas revelam elementos hipotéticos de como se deu o fato na realidade. São apenas indicativos que não necessariamente levam à caracterização absoluta do fato tal como ocorreu.

---

[27] MARINONI, Luiz Guilherme; ARENHART, Sérgio Cruz. *Prova e convicção*: de acordo com o CPC de 2015. 3. ed. São Paulo: Revista dos Tribunais, 2015. p. 35.

[28] MARINONI, Luiz Guilherme; ARENHART, Sérgio Cruz. *Prova e convicção*: de acordo com o CPC de 2015. 3. ed. São Paulo: Revista dos Tribunais, 2015. p. 37.

[29] *Cf.* TESHEINER, José Maria. Direitos fundamentais, verdade e processo. *In*: DIDIER JR., Fredie; JOBIM, Marco Félix; FERREIRA, William Santos (org.). *Grandes temas do Novo CPC*: Direito probatório. 2. ed. Salvador: Juspodivm, 2016. v. 5, p. 59-90.

Com base nessa constatação, Marinoni e Arenhart entendem pela impossibilidade da verdade no processo. Para os juristas:

> Os litigantes, ambos, acreditam ter razão, e suas versões sobre a realidade dos fatos são, normalmente, diametralmente antagônicas. Sua contribuição para a pesquisa da realidade dos fatos é parcial e tendenciosa. O juiz deve, portanto, optar por uma das versões dos fatos apresentados, o que nem sempre é fácil e (o que é pior) demonstra a fragilidade da operação de descoberta da verdade realizada[30].

Ainda segundo os autores, o máximo atingível pelo magistrado, no fim do processo, é um resultado que se assemelhe à verdade, "baseado muito mais na convicção do juiz de que esse é o ponto mais próximo da verdade que pode atingir do que, propriamente, em algum critério objetivo"[31].

Michele Taruffo, por sua vez, entende pela relatividade da verdade. Para o jurista italiano, no processo, não se busca estabelecer verdades absolutas, mas apenas relativas, já que, mesmo fora dos autos, a relatividade seria característica típica da verdade. A relatividade seria fruto de um contexto, havendo vínculo entre sua obtenção e os meios cognitivos disponíveis para tanto, assim como em relação ao conjunto de referências (conceitos, noções, regras) mediante os quais são concebidas as versões dos fatos[32].

Em suma, podemos dizer que o processo, com todo o procedimento que o qualifica, configura como verdadeira a resolução obtida, legitimando a atividade jurisdicional do Estado, sendo a prova elemento essencial para consecução desses fins. Nesse raciocínio, a produção probatória antecipada permite que elementos sejam precocemente trazidos ao processo no intento de se revelar o princípio de uma verdade que tem potencial para fundamentar resoluções futuras, sejam elas de natureza judicial ou extrajudicial.

A solução autocompositiva, com fundamento na prova produzida antecipadamente, deve se sustentar em elementos mínimos que informem

---

[30] MARINONI, Luiz Guilherme; ARENHART, Sérgio Cruz. *Prova e convicção*: de acordo com o CPC de 2015. 3.ed. São Paulo: Revista dos Tribunais, 2015. p. 42-43.

[31] *Ibid.*, p. 46.

[32] TARUFFO *apud* LANES, Júlio Cesar Goulart; POZATTI, Fabrício Costa. O juiz como o único destinatário da prova (?). *In*: DIDIER JR., Fredie; JOBIM, Marco Félix; FERREIRA, William Santos (org.). *Grandes temas do Novo CPC*: Direito probatório. 2. ed. Salvador: Juspodivm, 2016. v. 5, p. 99.

aos contendedores suas chances em um eventual processo de cognição exauriente, que indiquem aos mesmos a robustez de suas alegações, que permitam a reflexão acerca dos melhores ou mais adequados meios para resolução do conflito etc. A verdade, portanto, pode ser atingida já no procedimento de antecipação da prova, entendendo-se aquela como a construção processual da realidade fática que permitiu a solução pacífica do confronto.

2.5 PRINCÍPIOS PROBATÓRIOS

2.5.1 Princípio da atipicidade da prova

O princípio da atipicidade da prova, também conhecido por princípio da não-taxatividade ou da liberdade da prova, autoriza a produção probatória para além dos modos de prova previstos em lei (provas típicas). William Santos Ferreira explica que "a atipicidade não se refere às fontes em que o juiz extrai elementos de convicção, [...] mas ao modo em que são alcançadas e, portanto, como aportam no processo"[33].

No magistério do mencionado autor, a prova atípica se afigura como maneira de a lei não impedir o convencimento do juiz por meios que o legislador não vislumbrou na elaboração normativa, melhorando o grau de probabilidade de se esclarecer o fato a provar[34].

A atipicidade da prova estava prevista no Art. 332 do antigo CPC e é disposta, no Código de 2015, no seu Art. 369[35]. Houve, praticamente, a repetição do texto do Código de 1973 no CPC atual. Logo, continuam sendo admitidas, no processo, as provas atípicas, desde que produzidas por meios moralmente legítimos.

Relativamente ao tema objeto da presente obra, observamos que à antecipação de provas também se aplica a atipicidade probatória, podendo a parte postular ao juízo, cumpridos os requisitos legais, a produção de

---

[33] FERREIRA, William Santos. *Princípios fundamentais da prova cível*. São Paulo: Revista dos Tribunais, 2014. p. 60.

[34] *Cf*. FERREIRA, William Santos. *Princípios fundamentais da prova cível*. São Paulo: Revista dos Tribunais, 2014. p. 61.

[35] CPC/1973. Art. 332. Todos os meios legais, bem como os moralmente legítimos, ainda que não especificados neste Código, são hábeis para provar a verdade dos fatos, em que se funda a ação ou a defesa.
CPC/2015. Art. 369. As partes têm o direito de empregar todos os meios legais, bem como os moralmente legítimos, ainda que não especificados neste Código, para provar a verdade dos fatos em que se funda o pedido ou a defesa e influir eficazmente na convicção do juiz.

determinada prova, mesmo que não exista previsão normativa típica de dita prova. Aliás, veremos que o Novo CPC não restringiu, como fazia seu antecessor, as possibilidades de provas passíveis de antecipação, o que torna o princípio da atipicidade ainda mais relevante ao tema em pesquisa.

2.5.2 Princípio da proibição de utilização de provas ilícitas

A Constituição Federal consagra, em seu Art. 5º, LVI, o princípio da proibição de utilização de provas ilícitas. Conforme se estudará na sequência do livro, a vedação à prova ilícita é um dos fundamentos constitucionais do direito autônomo à prova. Aqui, porém, devemos analisar o princípio em seu enfoque estrito.

Segundo a corrente doutrinária majoritária, a prova ilícita pode ser entendida em sentidos lato e estrito. Em seu sentido lado, entende-se por ilícita a prova ilegal, aquela que fere o ordenamento jurídico. Subdividem-se, as provas ilegais, em provas ilícitas (sentido estrito) e provas ilegítimas[36]. Como ensina William Santos Ferreira:

> Provas ilícitas seriam aquelas em que há uma transgressão de norma de direito material, enquanto nas ilegítimas há violação de norma de direito processual. Na primeira, o ato é extraprocessual e importa em violação de regras como do direito à intimidade, liberdade, previstos na Constituição ou leis infraconstitucionais (materiais), por isto se denominando de prova obtida por meio ilícito; na segunda a ocorrência se dá dentro do processo (endoprocessual)[37].

Como assevera Daniel Amorim Assumpção Neves, em que pese a distinção doutrinária, as consequências da ilegalidade da prova independem da natureza da norma violada. Sempre que a produção probatória violar um direito garantido na Constituição Federal, seja ele direito material ou processual, a prova será inconstitucional[38].

Cumpre também relembrar a chamada "doutrina dos frutos da árvore venenosa", segundo a qual uma prova derivada da prova ilícita será assim igualmente considerada. A prova derivada, mesmo que não possua

---

[36] O Código de Processo Penal define prova ilícita como sendo aquela obtida em violação a normas constitucionais ou legais (Art. 157).

[37] FERREIRA, William Santos. *Princípios fundamentais da prova cível*. São Paulo: Revista dos Tribunais, 2014. p. 96.

[38] *Cf*. NEVES, Daniel Amorim Assumpção. *Manual de direito processual civil*. 8. ed. Salvador: Editora JusPodivm, 2016. p. 784.

qualquer vício a ela diretamente relacionado, se macula da ilicitude da prova originária e, portanto, não é admissível.

Entretanto, se não se evidenciar nexo de causalidade entre prova ilícita e a aquela supostamente derivada, ou quando essas últimas puderem ser obtidas por fonte independente[39] da primeira, sua admissão no processo é possível. Aplica-se ao processo civil, portanto, a regra estatuída no §1º do Art. 157 do Código de Processo Penal[40].

A prova cuja produção se mostrar ilícita, obviamente, não pode ser antecipada para fins de resolução de conflitos por vias alternativas. Contudo, como se explanará no transcorrer do livro, a antecipação da prova, se não for bem orientada pelo magistrado, pode revelar uma finalidade ilícita ou, no mínimo, imoral. Em tais casos, indagar-se-á, no momento oportuno, sobre sua validade, tendo como prisma o princípio aqui referido.

2.5.3 Princípios da aquisição e comunhão da prova

O princípio da aquisição transmite a ideia de que a prova, uma vez produzida, é incorporada ao processo e se desvincula de seu produtor. Ou, como afirmam Fredie Didier, Paula Sarno Braga e Rafael de Oliveira: "A prova adere ao processo, sendo irrelevante saber quem a trouxe. O que importa é a sua existência e, não, sua proveniência"[41].

Ao ser produzida, a prova será apreciada independentemente do responsável pela sua obtenção. Nesse sentido, pode ela até mesmo prejudicar seu produtor. Eis o conteúdo do princípio da comunhão da prova.

Abordar-se-á, ao findar o tópico dos princípios probatórios, o tema "Destinatários da Prova", em que serão apontadas as teorias sobre a quem se dirige a prova no processo. Contudo, nesse momento, devemos adiantar o pensamento analisado na sequência para obtemperar que a prova se destina ao juiz e às partes. Apesar dessa destinação, a prova não

---

[39] CPP, Art. 157, §2º: "Considera-se fonte independente aquela que por si só, seguindo os trâmites típicos e de praxe, próprios da investigação ou instrução criminal, seria capaz de conduzir ao fato objeto da prova".

[40] Nesse sentido, assinala William Santos Ferreira: "O dispositivo legal aplica-se ao processo civil, que não possui previsão específica, não havendo qualquer razão para que seja dado tratamento diferenciado às provas derivadas no processo civil, uma vez que o fundamento do disposto na lei processual penal é a garantia prevista no Art. 5º, LVI, da CF, norma também incidente sobre o processo civil". FERREIRA, William Santos. *Princípios fundamentais da prova cível*. São Paulo: Revista dos Tribunais, 2014, p. 118.

[41] DIDIER, Fredie; BRAGA, Paula Sarno; OLIVEIRA, Rafael Alexandria de. *Curso de direito processual civil*: teoria da prova, direito probatório, teoria do precedente, decisão judicial, coisa julgada e antecipação dos efeitos da tutela. 4. ed. Salvador: Juspodivm, 2009. v. 2. p. 26.

é titularizada por qualquer dos sujeitos processuais[42]. Ensina José Carlos Barbosa Moreira:

> [...] a prova, depois de feita, é comum, não pertence a quem a faz, pertence ao processo; pouco importa sua fonte, pouco importa sua proveniência. E quando digo que pouco importa sua proveniência, não me refiro apenas à possibilidade de que uma das partes traga a prova que em princípio competiria à outra, senão também que incluo aí a prova trazida aos autos pela iniciativa do juiz[43].

Relativamente à antecipação probatória, o princípio ora em exame faz transparecer que a prova produzida antecipadamente pode servir de instrumento mútuo para as partes determinarem os rumos do conflito. Com efeito, baseando-se no princípio da comunhão da prova e na função autocompositiva que a antecipação da prova pode possuir, essa estimularia a troca de informações sobre as perspectivas jurídicas da pretensão, possibilitaria uma resolução consensual e, caso a autocomposição seja inviável, forneceria subsídios prévios para o ajuizamento de demanda posterior.

2.5.4 Princípio da máxima eficiência dos meios probatórios

A Constituição da República prevê, em seu Art. 5º, LV, que "aos litigantes, em processo judicial [...] são assegurados o contraditório e ampla defesa, com os meios e recursos a ela inerentes". Os meios e recursos inerentes aos princípios da ampla defesa e do contraditório são as "linhas mestras descritas pelo princípio da máxima eficiência dos meios probatórios"[44]. Em outros termos: os princípios constitucionais supracitados determinam a existência de instrumentos que garantam sua máxima eficiência, dentre os quais se encontra o direito à prova.

Todavia, como destaca William Santos Ferreira, não basta o direito à prova e meios que o assegurem:

> É preciso um terceiro e último elemento: a qualidade de cada um dos instrumentos probatórios empregados, a busca de uma eficiência máxima no esclarecimento do *thema probandum*; um reconhecimento de que há um mandado

---

[42] FERREIRA, William Santos. *Princípios fundamentais da prova cível*. São Paulo: Revista dos Tribunais, 2014. p. 130.

[43] MOREIRA, José Carlos Barbosa. O juiz e a prova. *Revista de processo*. São Paulo: Revista dos Tribunais, n. 35, 1984. p. 181.

[44] FERREIRA, William Santos. *Princípios fundamentais da prova cível*. São Paulo: Revista dos Tribunais, 2014. p. 184.

de otimização, provocador de atitudes tanto legislativas, como dos intérpretes e dos operadores do direito, voltadas a maximizar os resultados quando da utilização do ferramental instrutório[45].

O doutrinador continua seu raciocínio afirmando que o princípio em estudo transmite diretamente a consecução de um fim: "se o meio de prova vai ser empregado, deve ser da forma mais eficiente possível". Ademais, de forma indireta, o princípio instrui que "dentre os modos de comportamento seja escolhido aquele mais apto a alcançar os objetivos para os quais foi deferido determinado meio de prova"[46].

A máxima eficiência também se correlaciona com a produção antecipada de provas, na medida em que esta, para atingir os fins que almeja, deve ser dotada de todas as ferramentas disponíveis no ordenamento jurídico. No capítulo próprio, debateremos a extensão da prescrição processual relativa à prova antecipada, tendo como parâmetro, igualmente, o princípio da máxima eficiência, a fim de definirmos a potencial dimensão probatória viabilizada pelo Código de Processo Civil.

2.5.5 Princípio dos deveres-poderes instrutórios do juiz

O processo é orientado pelo princípio dispositivo, ou seja, "começa por iniciativa da parte [...], salvo as exceções previstas em lei", nos termos do Art. 2º do Novo CPC.

Entretanto, após a submissão do caso à apreciação judiciária, o princípio dispositivo fica sujeito a exceções, como o próprio artigo supramencionado preconiza. Tais exceções são uma "autorização para que o magistrado, independentemente de provocação da parte interessada, movimente a máquina judiciária"[47].

O mesmo Art. 2º prevê que o processo se desenvolve por impulso oficial, apesar de ter sua gênese na iniciativa das partes. Eis aqui o chamado princípio do "impulso oficial", da "oficialidade" ou "inquisitivo". O processo, portanto, "depende do impulso dos órgãos judiciais, encarregados do exercício da jurisdição, cumprindo assim ao juiz [...] impul-

---

[45] *Ibid.*, p. 184.

[46] FERREIRA, William Santos. *Princípios fundamentais da prova cível*. São Paulo: Revista dos Tribunais, 2014. p. 186-187.

[47] CARACIOLA, Andrea Boari. Inércia da jurisdição, dispositivo, demanda, impulso oficial e congruência da tutela jurisdicional. *In:* DELLORE, Luiz *et al. Teoria geral do processo contemporâneo*. São Paulo: Atlas, 2016. p. 72.

sioná-lo independentemente de pedido das partes, exigindo-se apenas o exercício da ação"[48].

Leciona William Santos Ferreira que a jurisdição é um dos elementos que reitera a natureza pública do processo, conduzindo a uma "crise parcial do princípio dispositivo", sendo refletida tal crise também no âmbito probatório[49]. Nas palavras do autor:

> O que é submetido à resolução judicial é orientado pelo princípio dispositivo, porque relativo à relação material, porém o instrumental para esta resolução é fortemente informado pelo princípio inquisitivo (ou da oficialidade), o que ainda é mais aclarado quando se constata que as partes têm a esperança, e a garantia (!), da atuação ou reintegração objetiva do direito derivando desta o dever-poder de diligências para melhor decidir[50].

Nessa mesma perspectiva, Didier Jr., Braga e Oliveira entendem que o desenvolvimento de uma visão publicista sobre o processo civil conferiu ao juiz amplos poderes instrutórios, conferindo-se maior relevância à iniciativa probatória oficial[51].

O atual Art. 370 processual, praticamente repetindo a previsão do antigo Código (Art. 130), preceitua que "caberá ao juiz, de ofício ou a requerimento da parte, determinar as provas necessárias ao julgamento do mérito".

A relação do princípio dos deveres-poderes instrutórios do juiz com a produção antecipada de provas para fins de solução alternativa de conflitos merece profunda reflexão. Considerando-se a polêmica do assunto, daremos tratamento especial ao tema em uma das subdivisões do Capítulo IV deste livro.

---

[48] ALVIM, José Eduardo Carreira. *Teoria geral do processo*. 19. ed. Rio de Janeiro: Forense, 2016. p. 221.

[49] *Cf.* FERREIRA, William Santos. *Princípios fundamentais da prova cível*. São Paulo: Revista dos Tribunais, 2014. p. 235.

[50] FERREIRA, William Santos. *Princípios fundamentais da prova cível*. São Paulo: Revista dos Tribunais, 2014. p. 236-237.

[51] *Cf.* DIDIER, Fredie; BRAGA, Paula Sarno; OLIVEIRA, Rafael Alexandria de. *Curso de direito processual civil: teoria da prova, direito probatório, teoria do precedente, decisão judicial, coisa julgada e antecipação dos efeitos da tutela*. 4. ed. Salvador: Juspodivm, 2009. v. 2. p. 22-23.

2.6 DESTINATÁRIOS DA PROVA

2.6.1 O juiz como destinatário

A doutrina, com fundamento na mesma ideia que embasa a tese de que a finalidade da prova é o convencimento do juiz, entende, em sua maioria, que o magistrado é o destinatário da prova. Nesse diapasão, afirma Cassio Scarpinella Bueno que "não são as partes ou eventuais terceiros intervenientes os destinatários da prova. É para quem julga a causa que ela deve ser produzida"[52].

Interessante, neste momento, apontar que dito entendimento se encontra pacificado na jurisprudência, podendo-se extrair tal conclusão dos seguintes excertos do Superior Tribunal de Justiça:

> De acordo com a jurisprudência desta Corte, cumpre ao magistrado, destinatário da prova, valorar sua necessidade, conforme o princípio do livre convencimento motivado. Portanto, não há violação ao Art. 130 do CPC quando o juiz, em decisão adequadamente fundamentada, defere ou indefere a produção de provas[53].

> A jurisprudência desta Corte é pacífica no sentido de que cabe ao magistrado, destinatário da prova, valorar sua necessidade, ou não, conforme o princípio do livre convencimento motivado[54].

> O juiz é o destinatário da prova e a ele cabe analisar a necessidade de sua produção [...][55].

Logo, para o STJ, a prova se destina exclusivamente ao magistrado e será produzida no limite do que ele entender necessário para seu convencimento, permitindo-lhe, inclusive, indeferir provas quando sua convicção estiver formada.

---

[52] BUENO, Cassio Scarpinella. *Curso sistematizado de direito processual civil*: procedimento comum: ordinário e sumario, 7. ed. São Paulo: Saraiva, 2014. v. 2, t. I, p. 246.

[53] BRASIL. Superior Tribunal de Justiça. AgRg no AResp n.º 622.786/MG, Rel. Min. Sérgio Kuki na Primeira Turma, j. 18/12/2014, DJe 03/02/2015.

[54] BRASIL. Superior Tribunal de Justiça. REsp n.º 1440298/RS, Rel. Min. Marco Aurélio Bellizze, Terceira Turma, j. 10/03/2015, DJe 18/03/2015.

[55] BRASIL. Superior Tribunal de Justiça. AgRg no AREsp n. 264054/RS, Rel. Min. Maria Isabel Gallotti, Quarta Turma, j. 18/12/2014, DJe 06/02/2015.

A interpretação jurisprudencial se embasava na prescrição contida nos artigos 130 e 131 do Código de 1973, que tinham as seguintes redações:

> Art. 130. Caberá ao juiz, de ofício ou a requerimento da parte, determinar as provas necessárias à instrução do processo, indeferindo as diligências inúteis ou meramente protelatórias.

> Art. 131. O juiz apreciará livremente a prova, atendendo aos fatos e circunstâncias constantes dos autos, ainda que não alegados pelas partes; mas deverá indicar, na decisão, os motivos que lhe formaram o convencimento.

De acordo com aquela Corte, na análise de Júlio Cesar Goulart Lanes e Fabrício Costa Pozatti, dos dispositivos transcritos, se obteria a regra de que o livre convencimento motivado é aplicável para a valoração da prova e para a própria admissibilidade da mesma. Nas palavras dos autores:

> É em tal contexto que acaba por se aceitar a ideia de que o juiz, quando pretensamente já tenha "identificado" a norma – previamente estabelecida – aplicável àqueles fatos, tem o poder de indeferir as provas que entender desnecessárias para o seu convencimento[56].

Em que pese o entendimento jurisprudencial e apoio por parte relevante da doutrina, entendemos que a prova também se destina às partes envolvidas no conflito, especialmente após a entrada em vigor do Código de Processo Civil de 2015 com suas reformulações no campo probatório, na cognição e nas normas que fundamentam o processo.

2.6.2 As partes como destinatárias da prova: fundamentos

2.6.2.1 A decisão judicial e seu convencimento motivado

Como afirmado acima, a doutrina majoritária acompanhava o consentimento jurisprudencial de que o magistrado é o destinatário da prova no processo. Entretanto algumas vozes acadêmicas, mesmo antes alteração normativa, indicavam as partes como destinatárias da prova.

---

[56] LANES, Júlio Cesar Goulart; POZATTI, Fabrício Costa. O juiz como o único destinatário da prova (?). *In:* DIDIER JR., Fredie; JOBIM, Marco Félix; FERREIRA, William Santos (org.). *Grandes temas do Novo CPC:* Direito probatório. 2. ed. Salvador: Juspodivm, 2016. v. 5, p. 93.

Com efeito, para Júlio Cesar Goulart Lanes e Fabrício Costa Pozatti não se pode atribuir às partes uma posição subalterna, inferiorizada e débil, pois a interpretação jurídica não é ato restritivo do juiz, não sendo ele, também, o único a saber o direito[57].

Um dos argumentos utilizados por quem advoga a tese de que as partes também são destinatárias da prova se lastreia na ideia de que aquelas "têm direito a uma decisão fundada na prova constante dos autos"[58].

Com efeito, a decisão judicial, cuja construção é vinculada ao princípio da persuasão racional, deve "indicar as razões que o levaram a decidir num ou noutro sentido, vale dizer, terá de indicar os fundamentos de sua decisão. E as partes têm o direito de exigir que o juiz se pronuncie sobre as provas produzidas, aceitando-as ou rejeitando-as"[59].

A decisão, em especial a sentença, deve ter, como fulcro, o aporte probatório produzido pelos sujeitos processuais durante o curso da demanda. Nesse sentido, a manifestação do magistrado quanto às provas produzidas é obrigatória para que se respeite o devido processo legal. Além disso, sua motivação atua de forma a elucidar às partes as razões de seu convencimento e de sua resolução.

Importante anotar que, no CPC/2015, houve alteração nos dispositivos que correspondem aos antigos artigos 130 e 131, supratranscritos. Prevê o atual Art. 371 que "o juiz apreciará a prova constante dos autos, independentemente do sujeito que a tiver promovido, e indicará na decisão as razões da formação de seu convencimento". Portanto, mantém-se a lógica supracitada: o magistrado julga de acordo com a prova dos autos; agora, porém, foi-lhe subtraída a discricionariedade que antes caracterizava o sistema do livre convencimento motivado.

Com efeito, a supressão do termo "livremente" afasta a concepção de que o juiz é o único destinatário da prova, pois, com a nova regra, não pode ele valorar a necessidade da produção de determinada prova, de acordo com o seu livre convencimento e, ainda, indeferi-la. Nas palavras de Júlio Cesar Goulart Lanes e Fabrício Costa Pozatti:

---

[57] LANES, Júlio Cesar Goulart; POZATTI, Fabrício Costa. O juiz como o único destinatário da prova (?). *In*: DIDIER JR., Fredie; JOBIM, Marco Félix; FERREIRA, William Santos (org.). *Grandes temas do Novo CPC*: Direito probatório. 2. ed. Salvador: Juspodivm, 2016. v. 5, p. 96.

[58] ALMEIDA, Cleber Lúcio de. *Elementos da teoria geral da prova*: a prova como direito humano e fundamental das partes do processo judicial. São Paulo: Ltr, 2013. p. 54.

[59] LOPES, João Batista. Direito à prova, discricionariedade judicial e fundamentação da sentença. *In*: DIDIER JR., Fredie; JOBIM, Marco Félix; FERREIRA, William Santos (org.). *Grandes temas do Novo CPC*: Direito probatório. 2. ed. Salvador: Editora Juspodium, 2016. p. 52.

> [...] não poderá o julgador indeferir determinada prova por já se encontrar convencido a respeito da alegação de fato a provar, aproximando o texto processual do texto constitucional, que outorga direito fundamental à prova admissível, não a considerando à prévia valoração judicial[60].

Comentando o tema, Lenio Luiz Streck entende que, com a exclusão da expressão "livremente", a decisão judicial exige, entre outros fatores, a "coparticipação dos destinatários da decisão no processo deliberatório"[61]. Citada "coparticipação" tem íntima relação com o princípio da cooperação, sendo este, também, um dos fundamentos que outorgam às partes a destinação probatória.

2.6.2.2 O princípio da cooperação

O Novo Código de Processo Civil positivou, em seu Art. 6º, o princípio da cooperação nos seguintes termos: "Todos os sujeitos do processo devem cooperar entre si para que se obtenha, em tempo razoável, decisão de mérito justa e efetiva". Assim, pelo NCPC, todos os sujeitos do processo possuem responsabilidades para a construção do provimento final por meio de cooperação conjunta.

Sobre o princípio, escreve Alexandre Freitas Câmara:

> O princípio da cooperação deve ser compreendido no sentido de que os sujeitos do processo vão "co-operar", operar juntos, trabalhar juntos na construção do resultado do processo. Em outros termos, os sujeitos do processo vão, todos, em conjunto, atuar ao longo do processo para que, com sua participação, legitimem o resultado que através dele será alcançado. Só decisões judiciais construídas de forma comparticipativa por todos os sujeitos do contraditório são constitucionalmente legítimas e, por conseguinte, compatíveis com o Estado Democrático de Direito[62].

---

[60]   LANES, Júlio Cesar Goulart; POZATTI, Fabrício Costa. O juiz como o único destinatário da prova (?). *In:* DIDIER JR., Fredie; JOBIM, Marco Félix; FERREIRA, William Santos (org.). Grandes temas do Novo CPC: Direito probatório. 2. ed. Salvador: Juspodivm, 2016. v. 5, p. 97.

[61]   STRECK, Lenio Luiz. As provas e o novo CPC: a extinção do poder de livre convencimento. *In:* DIDIER JR., Fredie; JOBIM, Marco Félix; FERREIRA, William Santos (org.). *Grandes temas do Novo CPC:* Direito probatório. 2. ed. Salvador: Juspodivm, 2016. v. 5, p. 111.

[62]   CÂMARA, Alexandre Freitas. *O novo processo civil brasileiro.* São Paulo: Atlas, 2015. p. 9.

Segundo Amanda Lobão Torres, a implementação da cooperação no processo civil nos afasta "tanto de perspectivas do liberalismo processual, modelo no qual há o protagonismo das partes, quanto de degenerações da socialização processual, em que predomina o protagonismo judicial"[63]. Afastando-se o protagonismo judicial, as partes ganham relevo na dinâmica processual, devendo-se reconhecer seu destacado papel na seara probatória: além de maiores provedores de prova, também se tornam destinatárias da mesma, concretizando-se o ideal democrático que permeia a legislação.

No mesmo sentido, Fabrício de Farias Carvalho afirma que se findou a ideia de que o juiz é o único destinatário das provas, haja vista que, agora, todos os sujeitos do processo são interessados na produção probatória, "sendo dever do magistrado, inclusive, bem fundamentar a decisão que porventura indefira alguma prova requerida pelas partes"[64].

Amanda Lobão Torres ainda extrai o fundamento de destinação das provas às partes do Art. 369 do Novo Código de Processo Civil, o qual, em suas palavras:

> [...] subjetivou o direito à prova ao prever que "as partes tem o direito de empregar todos os meios legais, bem como os moralmente legítimos" (...), não mantendo a redação do artigo 322 do Código Processual de 1973 no sentido de que "todos têm direito", induzindo à contenção dos poderes instrutórios do juiz, ou seja, da excepcionalidade da iniciativa probatória do juiz, além da configuração do autônomo direito à prova[65].

O outro argumento aqui utilizado para demonstrar que as partes são destinatárias da prova foi antecipado no trecho doutrinário supratranscrito: o direito autônomo à prova.

---

[63] TORRES, Amanda Lobão. A cooperação processual no novo código de processo civil brasileiro. *In:* ARRUDA ALVIM, Thereza *et al.* (coord.). *O Novo Código de Processo Civil Brasileiro – Estudos Dirigidos*: Sistematização e Procedimentos. Rio de Janeiro: Forense, 2015. p. 3-20.

[64] CARVALHO, Fabrício de F. A prova e sua obtenção antecipada no Novo Código de Processo Civil. *In:* DIDIER JR., Fredie; JOBIM, Marco Félix; FERREIRA, William Santos (org.). *Grandes temas do Novo CPC*: Direito probatório. 2. ed. Salvador: Juspodivm, 2016. v. 5, p. 630.

[65] TORRES, Amanda Lobão. A cooperação processual no novo código de processo civil brasileiro. *In:* ARRUDA ALVIM, Thereza *et al.* (coord.). *O Novo Código de Processo Civil Brasileiro – Estudos Dirigidos*: Sistematização e Procedimentos. Rio de Janeiro: Forense, 2015. p. 3-20.

2.6.2.3 O direito autônomo à prova

O direito autônomo à prova, como se explanará no capítulo seguinte, independe de vinculação direta com um processo em que se controverte uma situação jurídica, não se apresentando, portanto, como corolário do devido processo legal. Em verdade, o direito autônomo à prova significa o "direito de pedir ao Estado que intervenha tão somente para permitir a pesquisa e o registro de certos fatos"[66]. Nessa visão, a prova produzida desvinculada de um processo:

> [...] garante aos interessados elementos indispensáveis e suficientes para formar convicção acerca da conveniência de ajuizar (ou evitar o ajuizamento) de uma demanda, assim como para viabilizar a autocomposição ou outras formas de solução extrajudicial dos conflitos, esgotando-se com a produção da prova. Sobreleva-se, aqui, a concepção de que a prova também se faz sob a perspectiva e no interesse das partes[67].

Assumindo-se a ideia de que existe um direito autônomo à prova, cuja titularidade as partes detêm, qualquer entendimento no sentido restritivo de que o juiz é o único destinatário da prova se revela equivocado[68]. Como ensina Francisco de Mesquita Laux:

> [...] importante constatação revelada a partir da autonomia do direito à prova guarda relação com a necessidade de revisão do entendimento segundo o qual a valoração da prova representaria conduta de titularidade exclusiva do condutor do processo voltado à declaração do direito. A prova é um elemento que fundamenta um juízo, e quanto a isso não reside qualquer dúvida. Este juízo, todavia, não é realizado somente no momento do julgamento da demanda, e muito menos exclusivamente pelo órgão julgador. A dinâmica da relação processual sugere que referida leitura é parcial e, por tal razão, equivocada. É possível, e até mais do que isso, é recomendável que a prova atue sobre o convencimento

---

[66] CALDAS, Adriano; JOBIM, Marco Félix. A produção antecipada de prova e o novo CPC. *In:* DIDIER JR., Fredie; JOBIM, Marco Félix; FERREIRA, William Santos (org.). *Grandes temas do Novo CPC:* Direito probatório. 2. ed. Salvador: Juspodivm, 2016. v. 5, p. 547.

[67] *Ibid.*, p. 547.

[68] Também nesse sentido, ensina Arruda Alvim: "Este novo propósito da atividade probatória, que, de certa forma, situa também as partes como destinatárias da prova, tem como objetivo prevenir a propositura de ações infundadas ou fadas ao insucesso, porque desprovidas de respaldo fático". (ALVIM, Arruda. Notas sobre o projeto de novo Código de Processo Civil. *Revista de Processo*, São Paulo, ano 36, n. 191, p. 299-318, jan. 2011. p. 299).

das partes, inclusive em momento anterior à adjudicação judicial, possibilitando a construção de soluções não propriamente alternativas, mas sim adequadas à resolução do conflito[69].

Durante a vigência do Código de 1973, o direito autônomo à prova não era uniformemente admitido pela doutrina, pois, como se detalhará, as possibilidades de ajuizamento de ação para produção de prova eram restritas e condicionadas a requisitos de cautelaridade. Contudo, o CPC de 2015, em seu Art. 381, incisos II e III, passa a admitir a ação de produção de prova antecipada quando "a prova a ser produzida seja suscetível de viabilizar a autocomposição ou outro meio adequado de solução de conflito" e quando "o prévio conhecimento dos fatos possa justificar ou evitar o ajuizamento de ação", não havendo mais restrições quanto ao tipo de prova a se produzir, bem como não se exigindo o requisito de urgência para sua produção.

Agora, a legislação passa a corroborar, portanto, a tese de que a prova não se destina exclusivamente ao juiz, pois, "presta-se, igualmente, à formação do convencimento das partes quanto às chances de sucesso ou insucesso em uma eventual demanda, ou mesmo para viabilizar a solução extrajudicial dos conflitos"[70].

---

[69] LAUX, Francisco de Mesquita. Relações entre a antecipação da prova sem o requisito da urgência e a construção de soluções autocompositivas. *Revista de Processo*, v. 242/2015, p. 457-481, abr. 2015.

[70] CALDAS, Adriano; JOBIM, Marco Félix. A produção antecipada de prova e o novo CPC. *In:* DIDIER JR., Fredie; JOBIM, Marco Félix; FERREIRA, William Santos (org.). *Grandes temas do Novo CPC:* Direito probatório. 2. ed. Salvador: Juspodivm, 2016. v. 5, p. 553.

3

DIREITO AUTÔNOMO À PROVA

3.1 NOTAS INTRODUTÓRIAS

O direito autônomo à prova pode ser concebido a partir de desdobramentos de outros direitos processuais, como o acesso à justiça, o devido processo legal, o contraditório e a ampla defesa. Esse é o entendimento de Humberto Theodoro Júnior, para quem a produção da prova pertinente e adequada é um direito da parte e dever do magistrado diante da garantia fundamental de acesso à justiça mediante um processo justo, comprometido com os princípios do contraditório e da ampla defesa[71].

Mencionados direitos agregadores foram constitucionalizados na Carta da República Federativa do Brasil de 1988, permitindo-nos afirmar, de imediato, que o direito à prova detém base constitucional.

Para além dessa afirmativa, entendemos, outrossim, que o direito à prova possui fundamento autônomo, desvinculado dos direitos supracitados, conferindo-lhe aspectos, conteúdo e extensões próprios.

Nos itens abaixo, descreveremos ambas as visões: a que entende ser o direito à prova um "desdobramento necessário dos direitos de ação e de defesa, no contexto do devido processo legal e do contraditório"[72]; e a que concebe o direito à prova autonomamente.

Para tanto, faremos uma breve abordagem sobre o tema da constitucionalização do processo, a fim de demonstrar as razões pelas quais a legislação ordinária e seus aplicadores não podem negar a efetivação do direito à prova no contexto do Estado Democrático de Direito. Em seguida, discorreremos, sucintamente, sobre cada um dos potenciais direitos agregadores do direito à prova e, enfim, analisaremos a fonte constitucional autônoma de tal direito.

---

[71] *Cf.* THEODORO JÚNIOR, Humberto. *O processo justo*: o juiz e seus poderes instrutórios na busca da verdade real. Disponível em: http://www.amlj.com.br/artigos/118-o-processo-justo-o-juiz-e-seus-poderes-instrutorios-na-busca-da-verdade-real. Acesso em: 17 ago. 2016.

[72] YARSHELL, Flávio Luiz. *Antecipação da prova sem o requisito da urgência e direito autônomo à prova*. São Paulo: Malheiros, 2009. p. 208.

3.2 DIREITO À PROVA NA CONSTITUIÇÃO FEDERAL DE 1988

3.2.1 A constitucionalização do Direito e do Processo

Sem ousar se aprofundar no tema, devemos tecer algumas palavras sobre a constitucionalização do Direito e do Processo, a fim de demonstrar que o direito autônomo à prova, na perspectiva constitucional, tem o condão de se difundir para todo o ordenamento jurídico e, portanto, legitima seu exercício no âmbito processual.

A constitucionalização do Direito, na doutrina de Luís Roberto Barroso, se trata de um efeito expansivo das normas constitucionais por todo o sistema jurídico. O conteúdo material e axiológico de tais normas, seus valores, princípios e regras se irradiam e passam a condicionar a validade e o sentido de todo o direito infraconstitucional[73]. Outrossim, muitas normas constitucionais, por possuírem conteúdos pertencentes a outros ramos do direito, influenciam a interpretação do ordenamento infraconstitucional correspondente.

Nesse diapasão, observa-se, na Constituição Federal de 1988, a elevação a status constitucional de diversas normas de natureza processual, em especial direitos e garantias processuais (*e.g.* devido processo legal, a publicidade, a motivação das decisões, a duração razoável do processo etc.), que passam a assumir a condição de direitos fundamentais. O direito autônomo à prova, como se verificará a seguir, é um desses direitos fundamentais processuais estatuídos na Carta Magna. Como comentam Andrea Boari Caraciola, André Pagani de Souza e Luís Eduardo Simardi Fernandes:

> A Carta de 1988 assumiu expressa e amplamente a tutela do processo, de modo a estabelecer um verdadeiro programa de princípios ordenadores da atividade processual, princípios estes que, muito embora não cheguem a tecer uma teoria geral da tutela constitucional, vêm realçando as garantias fundamentais do processo, de sorte a nortear a atividade jurisdicional, bem como a informar as decisões judiciais dos valores constitucionais[74].

---

[73] *Cf.* BARROSO, Luís Roberto. *Curso de direito constitucional contemporâneo*: os conceitos fundamentais e a construção do novo modelo. 5. ed. São Paulo: Saraiva, 2015. p. 390-391.

[74] CARACIOLA, Andrea Boari; SOUZA, André Pagani de; FERNANDES, L.E.S.; Princípios informadores do direito processual civil. *In*: DELLORE, Luiz *et al. Teoria geral do processo contemporâneo*. São Paulo: Atlas, 2016. p. 52.

O fenômeno da constitucionalização do Direito, em resumo, torna sistemática a hermenêutica do ordenamento jurídico, tendo como paradigma os preceitos estabelecidos pela Constituição, determinando-se a validade da normatividade infraconstitucional; ademais, permite a aplicação, por si só, quando assim for possível, de regras e princípios constantes na Carta, independentemente de previsão ou regulamentação pela ordem legal.

Além disso, o fato de a Constituição possuir normas que se propagam sobre todo o ordenamento, sendo muitas de natureza processual, impôs ao sistema infraconstitucional uma "reinterpretação de seus institutos sob uma ótica constitucional"[75], bem como permitiu a inclusão, nos textos legais, de normas tipicamente constitucionais. É o que se vislumbra hoje com o Novo Código de Processo Civil que, em seu primeiro artigo, define que "o processo civil será ordenado, disciplinado e interpretado conforme os valores e as normas fundamentais estabelecidos na Constituição [...]". Sobre essa previsão legal, escreve Fabrício de Farias Carvalho:

> Desde o primeiro artigo do novo diploma percebe-se a cristalização do que se convencionou chamar de constitucionalização do processo, consagrando-se, de uma vez por todas, a ideia de que o direito processual, assim como os demais ramos do direito, são, em verdade, direito constitucional aplicado, devendo ser lido, portanto, com os óculos da Constituição Federal. Com a concepção de um conteúdo processual essencial na Constituição, ganham as garantias constitucionais processuais, na condição de matéria prima para a densificação legislativa, sendo esta sempre submissa àquelas[76].

Alexandre Freitas Câmara, nessa linha de pensamentos, assinala que nosso processo civil "é construído a partir de um modelo estabelecido pela Constituição da República. É o chamado modelo constitucional de processo civil, expressão que designa o conjunto de princípios constitucionais destinados a disciplinar o processo civil"[77].

---

[75] BARROSO, Luís Roberto. *Curso de direito constitucional contemporâneo*: os conceitos fundamentais e a construção do novo modelo. 5. ed. São Paulo: Saraiva, 2015. p. 402.

[76] CARVALHO, Fabrício de F. A prova e sua obtenção antecipada no Novo Código de Processo Civil. *In*: DIDIER JR., Fredie; JOBIM, Marco Félix; FERREIRA, William Santos (org.). *Grandes temas do Novo CPC*: Direito probatório. 2. ed. Salvador: Juspodivm, 2016. v. 5, p. 622.

[77] ʿCÂMARA, Alexandre Freitas. *O novo processo civil brasileiro*. São Paulo: Atlas, 2015. p. 5.

Mesmo no anteprojeto do CPC/2015, já se constatava essa intenção do legislador, que via a necessidade de se evidenciar a harmonia da lei ordinária com a Constituição de 1988. Sobre o assunto, cabe reproduzir trecho do mencionado anteprojeto:

> A necessidade de que fique evidente a harmonia da lei ordinária em relação à Constituição Federal da República fez com que se incluíssem no Código, expressamente, princípios constitucionais, na sua versão processual. Por outro lado, muitas regras foram concebidas, dando concreção a princípios constitucionais, como, por exemplo, as que preveem um procedimento, com contraditório e produção de provas, prévio à decisão que desconsidera da pessoa jurídica, em sua versão tradicional, ou "às avessas" [...][78].

Assim sendo, considerando-se que a Constituição Federal determina a interpretação e a validade da legislação ordinária e que a própria normatividade infraconstitucional passou a conceber, direta ou indiretamente, os postulados constitucionais, para os fins que se almeja nesta obra, devemos concluir que a parametrização do processo na ordem constitucional confere, como se explanará, os fundamentos basilares para a defesa de um direito autônomo à prova. Tal direito autônomo à prova direito autônomo à prova, tendo previsão constitucional, torna sua observação imperativa no processo (e fora dele), não podendo ser denegado às partes, sob pena de se violar a Constituição e o sistema jurídico como um todo.

3.2.2 O "processo justo", as garantias fundamentais do processo e a prova

3.2.2.1 O "processo justo" e a prova

A Constituição Federal, em seu Art. 5º, LIV, consagra o chamado "processo justo", preceituando que "ninguém será privado da liberdade ou de seus bens sem o devido processo legal". O processo justo, na lição de Humberto Theodoro Júnior, "é o meio concreto de praticar o processo

---

[78] BRASIL. *Código de Processo Civil: anteprojeto*. Comissão de Juristas Responsável pela Elaboração de Anteprojeto de Código de Processo Civil. Brasília: Senado Federal, Presidência, 2010. p. 15.

judicial delineado pela Constituição"[79], assegurando o acesso à Justiça e realizando as garantias fundamentais.

Sobre o processo justo, lecionam Luiz Guilherme Marinoni e Daniel Mitidiero:

> O direito ao processo justo constitui princípio fundamental para organização do processo no Estado Constitucional. É o modelo mínimo de atuação processual do Estado e mesmo dos particulares em determinadas situações substanciais. A sua observação é condição necessária e indispensável para a obtenção de decisões justas (Art. 6º do CPC de 2015) e para a viabilização da unidade do direito (Art. 926 do CPC de 2015)[80].

Em diversos outros incisos do mesmo Art. 5º, a Constituição estabelece direitos e garantias processuais mínimos à configuração do mencionado processo justo[81]. Nesse sentido, o processo civil, para ser justo, terá de consagrar: a) a inafastabilidade do Poder Judiciário ou o acesso à Justiça; b) a inexistência de juízo ou tribunal de exceção; c) o processo dirigido por autoridade competente, imparcial e independente; d) o contraditório e a ampla defesa, com os meios e recursos a ela inerentes; e) a proibição da utilização de provas ilícitas; f) a publicidade dos atos processuais; g) a motivação das decisões judiciais[82]; h) duração razoável do processo.

---

[79] THEODORO JÚNIOR, Humberto. *Curso de Direito Processual Civil* – Teoria geral do direito processual civil, processo de conhecimento e procedimento comum. 56. ed. Rio de Janeiro: Forense, 2015. v. I. p. 50.

[80] MARINONI, Luiz Guilherme; MITIDIERO, Daniel. Direitos fundamentais processuais. *In*: SARLET, Ingo; MARINONI, Luiz Guilherme; MITIDIERO, Daniel. *Curso de direito constitucional*. 5. ed. São Paulo: Saraiva, 2016. 737.

[81] Destaca Humberto Theodoro Júnior que, no plano substancial, o processo justo é aquele que proporciona a efetividade da tutela jurídica à parte merecedora de amparo. Cf. THEODORO JÚNIOR, Humberto. *Curso de Direito Processual Civil* – Teoria geral do direito processual civil, processo de conhecimento e procedimento comum. V. I. 56. ed. Rio de Janeiro: Forense, 2015. p. 50.

[82] Como afirmado anteriormente, a motivação das decisões é um dos argumentos utilizados para se sustentar a ideia de que as provas também se dirigem às partes, e não exclusivamente ao juiz. Até por tal razão podemos incluir a motivação das decisões como um dos fundamentos do direito autônomo à prova, afinal, como leciona Cleber Lúcio de Almeida, "[...] a fundamentação das decisões judiciais atribuiu ao processo feição democrática, a qual exige e assegura a efetiva e útil participação dos destinatários dos efeitos da decisão judicial na sua formação. Essa participação será efetiva quando houver possibilidade de as partes atuarem na reconstrução da situação fática submetida ao Poder Judiciário pelas partes" (ALMEIDA, Cleber Lúcio de. *Elementos da teoria geral da prova*: a prova como direito humano e fundamental das partes do processo judicial. São Paulo: Ltr, 2013. p. 125).

A prova e o direito ao processo justo se relacionam à medida que aquela se constitui em um dos sustentáculos do devido processo legal[83]. Na lição de Cândido Rangel Dinamarco:

> [...] a importância da prova na experiência do processo erigiu o direito à prova em um dos mais respeitados postulados inerentes à garantia política do devido processo legal, a ponto de se constituir um dos fundamentais pilares do sistema processual contemporâneo. Sem sua efetividade não seria efetiva a própria garantia constitucional do direito ao processo.

> [...] Na Constituição, o direito à prova é inerência do conjunto de garantias do justo processo, que ela oferece ao enunciar os princípios do contraditório e ampla defesa, culminando por assegurar a própria observância destes quando garante a todos o *due process of law* (Art. 5º, incs. LIV e LV). Pelo aspecto constitucional, direito à prova é a liberdade de acesso às fontes e meios segundo o disposto em lei e sem restrições que maculem ou descaracterizem o justo processo[84].

Relativamente às demais garantias fundamentais do processo supracitadas, devemos destacar aquelas que mantêm, com a prova, vínculo íntimo. Comecemos com o direito ao contraditório e à ampla defesa, positivados no Art. 5º, LV, da CF[85].

3.2.2.2 O contraditório, a ampla defesa e a prova

Como adiantado, a Constituição da República prevê, em seu Art. 5º, LV, o direito à ampla defesa e ao contraditório nos seguintes termos: "aos litigantes, em processo judicial ou administrativo, e aos acusados em geral são assegurados o contraditório e ampla defesa, com os meios e recursos a ela inerentes".

O direito ao contraditório "constitui a mais óbvia condição do processo justo e é inseparável de qualquer ideia de administração organizada

---

[83] Nesse sentido, concorda Eduardo Cambi, para quem o direito à prova é um dos desdobramentos do devido processo legal. *Cf.* CAMBI, Eduardo. *Direito constitucional à prova no processo civil*. São Paulo: Revista dos Tribunais, 2001. p. 166.

[84] DINAMARCO, Cândido Rangel. *Instituições de direito processual civil*. São Paulo: Malheiros, 2009. v. III. p. 47-48.

[85] Prevê o dispositivo: CF, Art. 5º, LV: "Aos litigantes, em processo judicial ou administrativo, e aos acusados em geral são assegurados o contraditório e ampla defesa, com os meios e recursos a ela inerentes".

de Justiça"[86]. Geralmente, é identificado pelo binômio conhecimento-
-reação ou informação-manifestação[87]. Ou seja, uma parte tem direito de
conhecer das alegações promovidas pela parte contrária no processo e de
reagir a tais alegações. Já o direito à ampla defesa[88] "é direito à resistência
no processo e, à luz da necessidade de paridade de armas no processo,
deve ser simetricamente construído a partir do direito de ação"[89]. Em
resumo, de acordo com Alexandre de Moraes:

> Por ampla defesa entende-se o asseguramento que é dado
> ao réu de condições que lhe possibilitem trazer para o pro-
> cesso todos os elementos tendentes a esclarecer a verdade
> ou mesmo de omitir-se ou calar-se, se entender necessário,
> enquanto o contraditório é a própria exteriorização da ampla
> defesa, impondo a condução dialética do processo (*par
> conditio*), pois a todo ato produzido pela acusação caberá
> igual direito da defesa de opor-se-lhe ou de dar-lhe a ver-
> são que melhor lhe apresente, ou, ainda, de fornecer uma
> interpretação jurídica diversa daquela feita pelo autor[90].

Vinculando-se ao tema da prova, a Constituição, ao garantir o contraditório e a ampla defesa, explicitamente faz referência à asseguração dos
meios inerentes a essa; entre tais meios se encontra a prova[91]. Afinal, sem
direito à prova, não se pode falar em direito à ampla defesa e contraditório,
já que a decisão deve ter por fundamento os fatos cuja veracidade tenha

---

[86] MARINONI, Luiz Guilherme; MITIDIERO, Daniel. Direitos fundamentais processuais. *In*: SARLET, Ingo; MARINONI, Luiz Guilherme; MITIDIERO, Daniel. *Curso de direito constitucional*. 5. ed. São Paulo: Saraiva, 2016. 767.

[87] Gilmar Ferreira Mendes resume assim o direito ao contraditório: "[...] direito de informação (*Recht auf Information*), obriga o órgão julgador a informar à parte contrária os atos praticados no processo e sobre os elementos dele constantes; direito de manifestação (*Recht auf Äusserung*), que assegura ao defendente a possibilidade de manifestar-se oralmente ou por escrito sobre os elementos fáticos e jurídicos constantes do processo" e acrescenta o "direito de ver seus argumentos considerados (*Recht auf Berücksichtigung*), que exige do julgador capacidade de apreensão e isenção de ânimo (*Aufnahmefähi- gkeit und Aufnahmebereitschaft*) para contemplar as razões apresentadas" (MENDES, Gilmar Ferreira. *Direitos fundamentais e controle de constitucio-nalidade*: estudos de direito constitucional. 4. ed. São Paulo: Saraiva, 2012. p. 279-280).

[88] Eduardo Cambi entende que o direito constitucional à prova deriva da ampla defesa e possui dois aspectos: um negativo e outro positivo. O primeiro resulta na impossibilidade de se criarem obstáculos legislativos que tornem praticamente impossível ou extremamente difícil de se valer das provas necessárias para demonstração dos fatos que se deve provar; o segundo se resume na necessidade de se assegurar a efetivação dos meios de prova a partir de instrumentos colocados à disposição pelo Estado (CAMBI, Eduardo *apud* FERREIRA, William Santos. *Princípios fundamentais da prova cível*. São Paulo: Revista dos Tribunais, 2014. p. 183-184).

[89] MARINONI, Luiz Guilherme; MITIDIERO, Daniel. Direitos fundamentais processuais. *In*: SARLET, Ingo; MARINONI, Luiz Guilherme; MITIDIERO, Daniel. *Curso de direito constitucional*. 5. ed. São Paulo: Saraiva, 2016. p. 771-772.

[90] MORAES, Alexandre de. *Direito constitucional*. 30. ed. São Paulo: Atlas, 2014. p. 111.

[91] PAULA RAMOS, Vitor de. Direito fundamental à prova. *Revista de Processo*, v. 224/2013, p. 41-61, out. 2013.

sido comprovada[92]. Logo, tais direitos também conferem fundamentos constitucionais ao direito probatório[93].

Realmente, considerando-se que a existência ou não de um direito controvertido tem como pressuposto a demonstração do seu fato constitutivo, modificativo ou extintivo, "à ideia de defesa do direito é inerente, portanto, à de prova"[94]. Da mesma maneira, assegurar às partes o contraditório "significa reconhecer que elas têm o direito à afirmação e à demonstração da ocorrência dos fatos que fundamentam as suas pretensões e, com isso, de influenciar séria e efetivamente na definição de seus direitos e de suas obrigações"[95].

3.2.2.3 O acesso à justiça e a prova

O Art. 5º, XXXV, da Constituição da República, prescreve que "a lei não excluirá da apreciação do Poder Judiciário lesão ou ameaça a direito". Consagra-se, aqui a tutela judicial efetiva, que garante a proteção judicial contra lesão ou ameaça a direito. O texto constitucional foi reproduzido no Art. 3º do CPC/2015. O acesso à justiça é um dos alicerces principais para a concretização dos direitos fundamentais[96].

No magistério de André Puccinelli Júnior, o acesso à justiça consolida algumas premissas básicas, tais como o dever que possui o Judiciário de dirimir conflitos que são levados ao seu conhecimento; a definitividade exclusiva que detém a decisão judicial sobre controvérsias jurídicas, ressalvado o juízo arbitral; e a capacidade de o Poder Judiciário verificar a validade de atos normativos[97].

A tutela jurisdicional, garantida pelo Art. 5º, XXXV, da CF/88, pressupõe, igualmente, o acesso aos instrumentos necessários ao convencimento do juiz. Daí surge o liame íntimo do acesso à justiça com o direito à prova. Afinal, como discorrem Adriano Caldas e Marco Félix Jobim:

---

[92] ALMEIDA, Cleber Lúcio de. *Elementos da teoria geral da prova*: a prova como direito humano e fundamental das partes do processo judicial. São Paulo: Ltr, 2013. p. 117.

[93] *Cf.* SILVA, Solange Sprandel. *Direito probatório e sua valoração no processo civil*. Florianópolis: Insular, 2011. p. 63.

[94] ALMEIDA, Cleber Lúcio de. *Elementos da teoria geral da prova*: a prova como direito humano e fundamental das partes do processo judicial. São Paulo: Ltr, 2013. p. 116.

[95] ALMEIDA, Cleber Lúcio de. *Elementos da teoria geral da prova*: a prova como direito humano e fundamental das partes do processo judicial. São Paulo: Ltr, 2013. p. 117.

[96] MARMELSTEIN, George. *Curso de direitos fundamentais*. 6. ed. São Paulo: Atlas, 2016. p. 171.

[97] *Cf.* PUCCINELLI JÚNIOR, André. *Curso de direito constitucional*. 2. ed. São Paulo: Saraiva, 2013. p. 253.

> Para que tal direito fundamental seja exercido de modo pleno é necessária a garantia à instrução adequada da causa, a qual passa, necessariamente, pelo direito à prova. Assim, tem-se que a prestação da tutela jurisdicional efetiva pressupõe o correto acertamento dos fatos sobre os quais irá pronunciar-se o juiz, razão pela qual resta evidenciado que o direito à prova é corolário do direito fundamental à tutela jurisdicional efetiva, elevando-se, igualmente à condição de direito fundamental, repousando, assim, sua legitimidade no modelo constitucional de processo eleito pela CF de 1988[98].

Finalmente, como lembra Cleber Lúcio de Almeida, reproduzindo lição de Jesús Gonzáles Pérez, a substituição da autotutela pela jurisdição estatal, como forma de solução de conflitos, não pode deixar de reconhecer aos litigantes o direito à prova, pois, para manter a paz social, o Estado deve criar meios adequados e eficazes para satisfazer as pretensões ante ele formuladas, não bastando a proclamação positiva do acesso à justiça[99]. Nas palavras do primeiro jurista:

> Do direito à efetividade da jurisdição e do processo decorre o direito à prova. É que, sem a demonstração dos fatos de que decorre o direito deduzido em juízo, não será possível a sua confirmação e tutela jurisdicional, ao passo que a não concessão de tutela a direito assegurado pela ordem jurídica, inclusive por deficiência na demonstração da sua existência, impede a jurisdição e o processo de alcançarem o fim a que se destinam, afetando, com isso, a sua efetividade[100].

Portanto, o acesso à justiça também se inclui entre as garantias que viabilizam sustentar-se a existência do direito autônomo à prova, pois somente é possível se efetivar plenamente a inafastabilidade jurisdicional se forem fornecidos instrumentos adequados aos litigantes, dentre os quais está a prova.

---

[98] CALDAS, Adriano; JOBIM, Marco Félix. A produção antecipada de prova e o novo CPC. *In:* DIDIER JR., Fredie; JOBIM, Marco Félix; FERREIRA, William Santos (org.). *Grandes temas do Novo CPC:* Direito probatório. 2. ed. Salvador: Juspodivm, 2016. v. 5, p. 545.

[99] *Cf.* ALMEIDA, Cleber Lúcio de. *Elementos da teoria geral da prova:* a prova como direito humano e fundamental das partes do processo judicial. São Paulo: Ltr, 2013. p. 114.

[100] ALMEIDA, Cleber Lúcio de. *Elementos da teoria geral da prova:* a prova como direito humano e fundamental das partes do processo judicial. São Paulo: Ltr, 2013. p. 127.

3.2.2.4 A fundamentalidade do direito autônomo à prova

De todo o explanado, fica evidente a intenção deste livro em demonstrar a existência de um direito autônomo à prova e ainda concebê-lo como um direito fundamental[101]. Dita fundamentalidade pode ser extraída a partir da interpretação das garantias do processo justo, do contraditório, da ampla defesa e do acesso à justiça, conforme se anotou.

Apesar de encontrarmos, em tais garantias, argumentos suficientes para determinarmos a existência do direito à prova e o seu caráter fundamental, também é possível visualizar tais aspectos, de forma expressa e independente, no texto constitucional.

Efetivamente, dispõe a Constituição, em seu Art. 5º, LVI que "são inadmissíveis, no processo, as provas obtidas por meios ilícitos"[102]. Uma leitura em sentido oposto nos permite afirmar que são admissíveis em processo as provas obtidas por meios lícitos. É o que propõem Marinoni e Mitidiero: "O direito fundamental à prova assegura a produção de prova admissível. Note-se que a Constituição, ao vedar a admissão de prova ilícita (Art. 5.o, LVI), *contrario sensu* autoriza a admissão de toda e qualquer prova ilícita"[103].

Explicando o entendimento, os autores tentam determinar o sentido da admissibilidade da prova nos seguintes termos:

> Uma prova é admissível quando a alegação de fato é controversa, pertinente e relevante. A alegação é controversa

---

[101] Consideram-se direitos fundamentais do homem, segundo José Afonso da Silva, "as prerrogativas e instituições que ele [o direito] concretiza em garantias de uma convivência digna, livre e igual de todas as pessoas". Continua: "No qualificativo *fundamentais* acha-se a indicação de que se trata de situações jurídicas sem as quais a pessoa humana não se realiza, não convive e, às vezes, nem mesmo sobrevive; fundamentais *do homem* no sentido de que a todos, por igual, devem ser, não apenas formalmente reconhecidos, mas concreta e materialmente efetivados". SILVA, José Afonso da. *Curso de direito constitucional positivo*. 35. ed. São Paulo: Malheiros, 2012. p. 178.

[102] Para Vitor de Paula Ramos, a fundamentalidade de um direito pode ser material e formal, somente formal, ou somente material. A fundamentalidade formal diz respeito aos direitos positivados pela Constituição Federal como sendo fundamentais. Quanto ao direito à prova, sua fundamentalidade pode, nas palavras do autor, "ser localizada em dois incisos do Art. 5.º da CF/1988. Primeiramente, no inc. LVI, uma vez que, proibida a admissão das provas ilícitas, permitida está a admissão das provas lícitas. Ainda, no inc. LV, em que, ao garantir o contraditório e a ampla defesa, o legislador constitucional explicitamente faz referência à asseguração dos meios inerentes a essa; entre tais meios inerentes, está, por óbvio, o direito à prova" (PAULA RAMOS, Vitor de. Direito fundamental à prova. *Revista de Processo*, v. 224/2013, p. 41-61, out. 2013).

[103] MARINONI, Luiz Guilherme; MITIDIERO, Daniel. Direitos fundamentais processuais. *In*: SARLET, Ingo; MARINONI, Luiz Guilherme; MITIDIERO, Daniel. *Curso de direito constitucional*. 5.ed. São Paulo: Saraiva, 2016. p. 777.

> quando pendem nos autos duas ou mais versões a seu respeito. É pertinente quando diz respeito ao mérito da causa. É relevante quando o seu esclarecimento é capaz de levar à verdade[104].

Dessa forma, "reunindo a alegação de fato todas essas qualidades objetivas, o juiz tem o dever de admitir a produção da prova"[105]. Veja-se que há um verdadeiro dever do magistrado em admitir a produção probatória quando os requisitos de admissibilidade forem preenchidos, inferindo-se, de tal afirmação, a existência do direito autônomo à prova.

De qualquer maneira, para os mais céticos que não visualizam, na Constituição positivada, o direito fundamental à prova, o Art. 5º, §2º, da Carta Magna, permite advogar a tese de que dito direito é implicitamente previsto na ordem constitucional. No magistério de Fabrício de Farias Carvalho:

> Ainda que se advogasse a inviabilidade de um direito fundamental à prova expressamente positivado na CF/88, a existência de direitos e garantias fundamentais implícitos é amplamente aceita pela doutrina, especialmente pela difundida tese de ser a Constituição um catálogo materialmente aberto de direitos fundamentais, por força do Art. 5º, §2º, ao prescrever que "os direitos e garantias expressos nesta Constituição não excluem outros decorrentes do regime e dos princípios por ela adotados". Portanto, o rol do título II da CF/88 não exclui outros direitos de igual fundamentalidade sem assento constitucional, fazendo-se crer na existência de direitos e garantias fundamentais que, apesar de não escritos pelo constituinte, podem ser extraídos de outros expressos, por meio de um exercício hermenêutico [...][106].

Entre os direitos não positivados na Constituição, encontram-se os direitos humanos (sem correspondência no ordenamento jurídico interno) previstos em tratados internacionais dos quais o Brasil é signatário. No próximo capítulo, faremos uma breve análise sobre o direito à prova com

---

[104] *Ibid.*, p. 777.

[105] *Ibid.*, p. 777.

[106] CARVALHO, Fabrício de F. A prova e sua obtenção antecipada no Novo Código de Processo Civil. *In:* DIDIER JR., Fredie; JOBIM, Marco Félix; FERREIRA, William Santos (org.). *Grandes temas do Novo CPC: Direito probatório.* 2. ed. Salvador: Juspodivm, 2016. v. 5, p. 627.

fundamento no Direito Internacional dos Direitos Humanos, a fim de não restar dúvidas sobre sua existência.

3.3 DIREITO À PROVA NO DIREITO INTERNACIONAL DOS DIREITOS HUMANOS

Primeiramente, cumpre fazer uma sintética distinção sobre direitos humanos e direitos fundamentais, haja vista que, acima, sustentou-se a fundamentalidade do direito à prova e o presente tópico poderia refletir certa redundância.

A doutrina comumente considera que o termo "direitos humanos" serve para definir os direitos estabelecidos em tratados internacionais sobre a matéria, enquanto a expressão "direitos fundamentais" delimitaria aqueles direitos do ser humano reconhecidos e positivados pelo Direito Constitucional de um Estado específico[107].

O direito à prova é, como inferimos, um direito fundamental. Contudo, sua existência também pode ser verificada no plano do Direito Internacional dos Direitos Humanos[108], inclusive em tratados internacionais dos quais o Brasil é signatário.

Podemos citar, como exemplos, a Convenção Americana de Direitos Humanos (Pacto de San José da Costa Rica), incorporado ao ordenamento interno do País pelo Decreto n°. 678, de 6 de novembro de 1992; e o Pacto Internacional dos Direitos Civis e Políticos, incorporado pelo Decreto n.º 592, de 6 de julho de 1992, que, em seus artigos. 8 e 14.1, respectivamente, tratam de garantias judiciais, dentre as quais se extrai o direito à prova[109].

---

[107] MIRANDA, Jorge. *Manual de Direito Constitucional*. 3. ed. Coimbra: Coimbra Editora, 2000. v. IV. p. 51-52.

[108] O Direito Internacional dos Direitos Humanos é composto por diversas normas de direitos humanos que "tem por objeto o estudo do conjunto de regras jurídicas internacionais (convencionais ou consuetudinárias) que reconhecem aos indivíduos, sem discriminação, direitos e liberdades fundamentais que assegurem a dignidade da pessoa humana e que consagram as respectivas garantias desses direitos. Visa, portanto, a proteção das pessoas através da atribuição direta e imediata de direitos aos indivíduos pelo Direito Internacional; direitos esses que se pretendem também ver assegurados perante o próprio Estado" (GUERRA, Sidney. *O sistema interamericano de proteção dos direitos humanos e o controle de convencionalidade*. São Paulo: Atlas, 2013. p. 100-101).

[109] Convenção Americana de Direitos Humanos. Artigo 8. Garantias judiciais: 1. Toda pessoa tem direito a ser ouvida, com as devidas garantias e dentro de um prazo razoável, por um juiz ou tribunal competente, independente e imparcial, estabelecido anteriormente por lei, na apuração de qualquer acusação penal formulada contra ela, ou para que se determinem seus direitos ou obrigações de natureza civil, trabalhista, fiscal ou de qualquer outra natureza.

Pacto Internacional dos Direitos Civis e Políticos. Artigo 14.1. Todas as pessoas são iguais perante os tribunais e as cortes de justiça. Toda pessoa terá o direito de ser ouvida publicamente e com devidas garantias por um tribunal competente, independente e imparcial, estabelecido por lei, na apuração de qualquer acusação de

Em resumo, acompanhando o raciocínio de Cleber Lúcio de Almeida, o direito à prova é um direito humano, pois o DIDH assegura às partes o direito de inquirir testemunhas e obter o comparecimento destas, bem como de peritos e outras pessoas que possam lançar luz sobre os fatos da causa, traduzindo-se, dessa forma, em expresso reconhecimento do direito à prova[110]. Mencionado jurista complementa a ideia aduzindo que:

> [o direito à prova] a) é uma dimensão da liberdade, e o Direito Internacional dos Direitos do Homem reconhece que todos nascem livres; b) constitui manifestação do direito de acesso à justiça, que é também reconhecido pelo Direito Internacional dos Direitos Humanos, valendo observar que o acesso à justiça, enquanto direito humano processual, não se resume ao direito de provocar a jurisdição, comportando a prática de todos os atos necessários ao deferimento da tutela jurisdicional requerida ao Poder Judiciário; c) constitui manifestação do direito à defesa, ao contraditório, à justa solução dos conflitos submetidos ao Poder Judiciário e à efetividade da jurisdição e do processo, sendo todos esses direitos reconhecidos pelo Direito Internacional dos Direitos Humanos[111].

Embasando, ainda mais, a tese da existência de um direito humano à prova, relembra Sandoval Alves da Silva que o Brasil foi condenado, diversas vezes, perante a Corte Interamericana de Direitos Humanos, por violar garantias processuais e em especial as probatórias, previstas na Convenção Americana de Direitos Humanos. Foi assim nos casos "Damião Ximenes Lopes", "Escher" "Garibaldi" e "Gomes Lund". Nas palavras do autor:

> Ao refinar a análise das condenações no campo processual probatório, constata-se que uma das fundamentações CtIDH contra o Brasil foi a de que as autoridades brasileiras não proporcionaram aos familiares de Ximenes Lopes um

---

caráter penal formulada contra ela ou na determinação de seus direitos e obrigações de caráter civil. A imprensa e o público poderão ser excluídos de parte da totalidade de um julgamento, quer por motivo de moral pública, de ordem pública ou de segurança nacional em uma sociedade democrática, quer quando o interesse da vida privada das Partes o exija, que na medida em que isso seja estritamente necessário na opinião da justiça, em circunstâncias específicas, nas quais a publicidade venha a prejudicar os interesses da justiça; entretanto, qualquer sentença proferida em matéria penal ou civil deverá torna-se pública, a menos que o interesse de menores exija procedimento oposto, ou processo diga respeito à controvérsias matrimoniais ou à tutela de menores.

[110] *Cf.* ALMEIDA, Cleber Lúcio de. *Elementos da teoria geral da prova*: a prova como direito humano e fundamental das partes do processo judicial. São Paulo: Ltr, 2013. p. 172.

[111] ALMEIDA, Cleber Lúcio de. *Elementos da teoria geral da prova*: a prova como direito humano e fundamental das partes do processo judicial. São Paulo: Ltr, 2013. p. 172-173.

recurso efetivo para garantir o acesso à justiça, à determinação da verdade dos fatos, à investigação, à identificação e ao processo. No caso Garibaldi, uma das fundamentações foi também a falta de instrução probatória, como a negativa de oitiva de declarações de testemunhas importantes, o arquivamento do inquérito com base apenas nas afirmações do escrivão de que existiam divergências entre as declarações das testemunhas, sem que se procurasse antes esclarecer as divergências, a falta de cumprimento de diligências ordenadas pelo delegado de polícia e pelo Ministério Público, além de outras violações processuais no campo probatório. No caso Guerrilha do Araguaia, a condenação ocorreu porque os recursos judiciais de natureza civil, visando a obter informações sobre os fatos, não foram efetivos, deixando prevalecer a impunidade dos responsáveis e a falta de acesso à justiça, à verdade e à informação, que afetou negativamente a integridade pessoal dos familiares dos desaparecidos e da pessoa executada[112].

Ante todo o explanado e reconhecendo que o Supremo Tribunal Federal, em dezembro de 2008, julgando o Recurso Extraordinário n.º 466.343-1/SP, concluiu pela estatura supralegal dos tratados internacionais de direitos humanos incorporados antes da vigência da Emenda Constitucional n.º 45 de 2004, dentre os quais se encontram os supracitados Pactos de San José da Costa Rica e Internacional dos Direitos Civis e Políticos, impossível se negar o direito à prova também na seara dos direitos humanos.

---

[112] SILVA, Sandoval Alves da. Acesso à justiça probatória: negativa de tutela jurisdicional como consequência de negativa de convicção judicial. *Revista de Processo*, v. 232/2014, p. 37-65, jun. 2014.

3.4 DIREITO À PROVA NOS CÓDIGOS DE 1973 E DE 2015

O Código de Processo Civil de 1973 possuía previsões em que era possível extrair o direito autônomo à prova a partir de interpretações, como as que se viu nos tópicos anteriores, especialmente dos artigos 14, IV; 130; 283; e 334, incisos.

O antigo Art. 14, IV, prescrevia o dever que as partes tinham de não produzirem provas inúteis ou desnecessárias à declaração ou defesa do direito. Em sentido contrário, deixava o CPC/1973 antever que as partes teriam o direito de produzir prova útil e necessária para colimação daqueles fins. Já o Art. 130 trazia o dever ao magistrado de indeferir as diligências inúteis ou meramente protelatórias. Também em sentido inverso, podemos interpretar que as partes tinham o direito de produzir provas úteis e não protelatórias. Por sua vez, o Art. 283 previa que a petição inicial seria instruída com os documentos indispensáveis à propositura da ação, induzindo-se a ideia de direito à prova documental. Finalmente, o Art. 334 e seus incisos, dispunham que os fatos notórios, os afirmados por uma parte e confessados pela parte contrária, os admitidos, no processo, como incontroversos e os em cujo favor militava presunção legal de existência ou de veracidade não dependiam de prova. Ao definir os fatos que não careciam de prova, o antigo Código autorizava a produção probatória quanto aos fatos que dependiam de prova[113].

Entretanto, embora tais previsões permitam a realização de dita exegese, não se admitia, no regime do CPC/1973, o ajuizamento de ação que viesse a reconhecer o direito autônomo à prova, mas tão somente a produção antecipada de provas para fins cautelares, como se observará na sequência da pesquisa.

Já o Código de Processo Civil de 2015 consagra o direito autônomo à prova nos incisos do Art. 381, referentes à produção probatória antecipada. Por tal dispositivo, estudado com mais afinco no decorrer do livro, consagra-se o pleito doutrinário de antecipação probatória sem o requisito da urgência e o próprio direito autônomo à prova[114]. Colacionemos o mencionado artigo:

---

[113] ALMEIDA, Cleber Lúcio de. *Elementos da teoria geral da prova*: a prova como direito humano e fundamental das partes do processo judicial. São Paulo: Ltr, 2013. p. 109-110.

[114] Dois juristas, em especial, devem ser citados, pois pugnavam pela possibilidade de ação probatória sem o pressuposto da urgência: YARSHELL, Flávio Luiz. *Antecipação da prova sem o requisito da urgência e direito*

Art. 381. A produção antecipada da prova será admitida nos casos em que:

I - haja fundado receio de que venha a tornar-se impossível ou muito difícil a verificação de certos fatos na pendência da ação;

II - a prova a ser produzida seja suscetível de viabilizar a autocomposição ou outro meio adequado de solução de conflito;

III - o prévio conhecimento dos fatos possa justificar ou evitar o ajuizamento de ação.

Percebe-se, da simples leitura do texto legal, que as hipóteses enumeradas nos incisos II e III são despidas de urgência (tema que será discutido no momento oportuno), circunstância que ilustra o reconhecimento, pelo Novo CPC, da existência de um direito autônomo à prova[115].

Ante o exposto, concluindo-se pela previsão de um direito autônomo à prova tanto em sede internacional, como na seara constitucional e infraconstitucional, passamos a analisar o conteúdo de tal direito ou seu núcleo essencial, a fim de determinarmos sua extensão e seus aspectos compositivos.

3.5 NÚCLEO ESSENCIAL DO DIREITO À PROVA

Cumpre discorrer agora acerca do núcleo essencial do direito à prova, asseverando que, de acordo com Ingo Wolfgang Sarlet, o núcleo essencial de um direito é a parte inviolável do seu conteúdo "sem a qual ele perde a sua mínima eficácia, deixando, com isso, de ser reconhecível como um direito fundamental"[116].

No magistério específico de Flávio Luiz Yarshell, o conteúdo do direito à prova compreende as prerrogativas de: "buscar a prova e a ela

---

autônomo à prova. São Paulo: Malheiros, 2009; NEVES, Daniel Amorim Assumpção. *Ações probatórias autônomas*. São Paulo, 2008.

[115] CALDAS, Adriano; JOBIM, Marco Félix. A produção antecipada de prova e o novo CPC. *In*: DIDIER JR., Fredie; JOBIM, Marco Félix; FERREIRA, William Santos (org.). *Grandes temas do Novo CPC*: Direito probatório. 2. ed. Salvador: Juspodivm, 2016. v. 5, p. 552.

[116] SARLET, Ingo Wolfgang. *A eficácia dos direitos fundamentais*. 11. ed. Porto Alegre: Livraria do Advogado, 2012. p. 411.

ter acesso; de requerê-la; de tê-la admitida; de participar da respectiva produção; e, finalmente, de obter a correspondente valoração"[117].

Comecemos analisando a prerrogativa de requerer a prova. O Art. 319, VI, do CPC/2015, ao dispor sobre os requisitos da petição inicial, determina que a parte indique as provas com que se pretende demonstrar a verdade dos fatos alegados. Outrossim, o Art. 336 prescreve que, ao réu, em contestação, fica incumbido o ônus de especificar as provas que pretende produzir. Finalmente, o Art. 369 estatui que "a parte tem o direito de empregar todos os meios legais, bem como os moralmente legítimos para provar a verdade dos fatos em que se funda o pedido ou a defesa e influir eficazmente na convicção do juiz". A exposição normativa acima preenche o primeiro dos aspectos do conteúdo do direito à prova. Com efeito, as partes, ao indicarem as provas pelas quais se pretende fundamentar seu pleito ou sua defesa, fazem-no sob forma de requerimento, cabendo ao magistrado deferir a produção probatória.

No que diz respeito à prerrogativa de ter admitida a prova, como suprademonstrado, o exame de admissibilidade da prova se alicerça no Art. 5º, LVI, da Constituição. Toda prova lícita é admitida em direito. Ademais, nos termos do parágrafo único do Art. 370 do NCPC, "o juiz indeferirá, em decisão fundamentada, as diligências inúteis ou meramente protelatórias". Portanto, toda prova lícita e que não seja inútil ou meramente protelatória deve ser admitida.

Estudando a questão da admissibilidade da prova, Vitor de Paula Ramos assinala que se entende por admissível toda prova que for, concomitantemente, pertinente, controversa e relevante, sendo pertinente a prova que disser respeito ao mérito da demanda; relevante se tiver o condão de alterar o resultado do julgamento; e controversa se contar com mais de uma versão nos autos[118].

Sobre a prerrogativa de participar da produção probatória, recorremos aos direitos à ampla defesa e ao contraditório para delimitar o seu teor. Nessa perspectiva, na lição de Vitor de Paula Ramos, é exigência do contraditório a permissão às partes para que se manifestem ativamente sobre a produção probatória, tanto durante, quanto posteriormente, sobre

---

[117]   YARSHELL, Flávio Luiz. *Antecipação da prova sem o requisito da urgência e direito autônomo à prova*. São Paulo: Malheiros, 2009. p. 210.

[118]   *Cf.* PAULA RAMOS, Vitor de. Direito fundamental à prova. *Revista de Processo*, v. 224/2013, p. 41-61, out. 2013.

seu resultado[119]. Igualmente, a ampla defesa determina que as partes possam ter assistência técnica durante a produção da prova.

Quanto à obtenção da respectiva valoração como conteúdo do direito à prova, entende-se que a prova deve ser valorada com base em critérios racionais e objetivos, de maneira a "verificar se as hipóteses foram ou não corroboradas suficientemente pelas provas trazidas aos autos. Pouco importa o convencimento subjetivo do juiz; é necessária a corroboração objetiva das hipóteses, em grau considerado pelo direito suficiente"[120]. Relativamente a tal aspecto do conteúdo do direito enunciado, explica Vitor de Paula Ramos:

> Cada enunciado de fato, ou melhor, sua veracidade ou falsidade, deve ser analisado individualmente, e os fatos apurados através das provas darão graus maiores ou menores de corroboração às hipóteses fáticas. A partir das provas e dos graus de corroboração nelas contidos, será possível verificar a corroboração de uma hipótese diante da "capacidade de predizer algum evento ou estado de coisas empiricamente contrastável".

> [...] Nesse aspecto, a valoração será racional se presentes os seguintes critérios: completude (se todas as provas disponíveis forem levadas em consideração), coerência (se a valoração do conjunto das provas não contiver contradições internas, apresentando conclusões convergentes), congruência (se as provas levadas em consideração efetivamente disserem respeito aos fatos em apuração) e correção lógica (se as inferências do raciocínio forem logicamente válidas e justificáveis).

> [...] Cumpre salientar, por fim, que a valoração racional da prova entrecruza-se aqui com o direito fundamental à motivação. Basicamente porque, para que seja possível verificar (e controlar) se o juiz cumpriu todos os passos acima delineados, é necessário que a decisão sobre a prova venha adequadamente motivada[121].

Por fim, temos o aspecto mais relevante do conteúdo do direito, para o presente livro, que é o direito de buscar a prova e a ela ter acesso.

---

[119]   *Ibid.* p. 41-61.

[120]   *Ibid.*, p. 41-61.

[121]   *Ibid.*, p. 41-61.

Dita importância se revela no fato de que tal aspecto não está vinculado aos outros direitos decorrentes do processo justo. Explica-se: o direito de buscar e de obter a prova não está necessariamente vinculado à declaração de um direito em conflito numa demanda judicial. Para Yarshell:

> Visto sob o prisma da busca e da obtenção das fontes de prova, o assim denominado direito à prova pode ser entendido, em alguma medida, como antecedente do pleito de tal declaração ou, a depender do que resulte dessa busca, até mesmo como excludente do referido pleito.
>
> [...] Dessa forma, a prerrogativa de busca e de obtenção de certa prova [...] sugere a existência de um direito de pedir ao Estado que intervenha tão somente para permitir a pesquisa e o registro de certos fatos. E, se isso é correto, o direito à prova pode ser entendido, então, como direito simplesmente à obtenção de certa providência de instrução, sem a necessária vinculação direta com o direito de ação exercido para se pleitear a declaração do direito (ou com o exercício da defesa no processo instaurado nesses termos) relativamente a uma dada situação substancial. Sob esse prisma, o direito à prova ganha, em certo sentido, autonomia[122].

Ainda sobre o conteúdo do direito à prova em análise, discorrem Didier e Braga:

> A prova produzida não serviria, necessariamente, de fundamento para julgamento de outro direito, cujos fatos se buscam provar. É essa separação entre o direito à prova e o direito cujos fatos se pretende provar que confere ao primeiro boa dose de autonomia. Poder-se-ia falar em um "**direito à investigação**", que muito se assemelha, a propósito, àquele exercido pelo Ministério Público em sede de inquérito civil.[123]

Extrai-se, do excerto acima, que o direito de busca e obtenção da prova se assemelha a um direito à investigação, pelas partes, dos fatos que abrangem a relação jurídica a se provar. Investigar seria, portanto, "produzir prova, e, se considerado o processo declaratório do direito, produzir prova

---

[122] YARSHELL, Flávio Luiz. *Antecipação da prova sem o requisito da urgência e direito autônomo à prova.* São Paulo: Malheiros, 2009. p. 210-211.

[123] DIDIER JR., Fredie; BRAGA, Paula Sarno. Ações probatórias autônomas: produção antecipada de prova e justificação. *Revista de Processo*, v. 218/2013, p. 13-45, abr. 2013. Grifo nosso.

de forma antecipada (pré-constituição)"[124]. A investigação particular, em busca e obtenção probatória, como lembra Yarshell, tem desenvolvimento em sistemas liberais, especialmente no *common law*[125]. No transcorrer da obra, estudaremos tais sistemas e como eles foram paradigmas para a construção da sistemática da antecipação probatória no NCPC.

A busca e obtenção da prova, ou investigação da mesma, deve ser vista, de acordo com Yarshell, como prerrogativa que, "tendo origem no direito à prova, ganha autonomia e não se limita à seara dos órgãos públicos[126]". O processualista reconhece que o termo *investigação*, normalmente, se associa à busca da prova por alguma autoridade (cita como exemplos os inquéritos policiais e civis, as sindicâncias etc.). Por isso, quando se fala em investigação, pensa-se, preponderantemente, na atividade estatal. Ademais, geralmente se vincula a ideia de investigação privada àquelas promovidas de modo clandestino, podendo provocar a ilicitude da prova obtida. Para o autor, embora a associação negativa e depreciativa seja compreensível, o termo não pode ser repudiado, pois, embora a pré-constituição da prova esteja ligada a deveres éticos e jurídicos, a investigação privada se qualificaria como um ônus, "dado que realizada como imperativo do interesse da parte de melhor conhecer os fatos e provas que pode ou que pretende apresentar no processo declaratório"[127].

Ao abordarmos as considerações doutrinárias sobre a ação probatória autônoma e o direito à prova na vertente do direito à sua produção e obtenção, analisaremos as ponderações doutrinárias sobre os limites do direito de investigar acima mencionado, a fim de que possamos estabelecer os alcances que podem ser atingidos pelas partes na utilização do procedimento concebido pelo Código de Processo Civil.

De toda forma, em suma, o direito à prova, composto por todo o conteúdo acima explanado, teria autonomia suficiente para ser objeto de processo autônomo. Ou seja, teríamos uma ação que possuiria, como único propósito, a produção de determinada(s) prova(s). A ação probatória autônoma, como lecionam Fredie Didier Jr. e Paula Sarno Braga, permitiria

---

[124] YARSHELL, Flávio Luiz. *Antecipação da prova sem o requisito da urgência e direito autônomo à prova*. São Paulo: Malheiros, 2009. p. 213.

[125] *Cf.* YARSHELL, Flávio Luiz. *Antecipação da prova sem o requisito da urgência e direito autônomo à prova*. São Paulo: Malheiros, 2009. p. 215.

[126] YARSHELL, Flávio Luiz. *Antecipação da prova sem o requisito da urgência e direito autônomo à prova*. São Paulo: Malheiros, 2009. p. 217.

[127] *Ibid.*, p. 217.

"a adequada avaliação da parte interessada de suas chances de êxito em atual ou futura batalha judicial – não visando, necessariamente, usá-la como via de convencimento do juiz em julgamento estatal de mérito"[128]. O direito autônomo à prova autoriza a parte requerer em juízo apenas a produção probatória, e não sua asseguração para utilização em futuro e eventual demanda, que sequer pode existir.

No capítulo subsequente, analisaremos a produção antecipada da prova, sua relação com a jurisdição, a regulação que possuía no antigo sistema processual, a nova sistemática, introduzida pelo CPC/2015, bem como aspectos técnicos relativos ao assunto.

---

[128] DIDIER JR., Fredie; BRAGA, Paula Sarno. Ações probatórias autônomas: produção antecipada de prova e justificação. *Revista de Processo*, v. 218/2013, p. 13-45, abr. 2013.

'

4

A PRODUÇÃO ANTECIPADA DA PROVA

4.1 PROVA ANTECIPADA NA SISTEMÁTICA DO CPC/1973

4.1.1 Natureza jurídica do procedimento

O Código de Processo Civil de 1973 previa a antecipação da prova em sua Seção VI do Livro referente ao processo cautelar, mais precisamente entre os artigos 846 e 851.

Primeiramente, como o antigo Código tratava do tema no livro das cautelares, devemos tecer breves palavras sobre essa espécie de processo. Diferentemente dos processos de conhecimento e de execução, que são capazes de permitir a tutela jurisdicional imediata do direito em litígio, tornando possível sua atuação prática, o processo cautelar permitia apenas a tutela mediata do direito. Logo, no CPC/1973, ele se destinava a proteger um direito e permitir a sua futura realização em outro processo, de conhecimento ou executivo, ao qual ele se ligava necessariamente. Ou, como define Alexandre Freitas Câmara, o processo cautelar era o processo que tinha "por fim assegurar a efetividade de um provimento jurisdicional a ser produzido em outro processo"[129].

O fundamento existencial do processo cautelar reside na necessidade de se resguardar situações jurídicas que se sujeitam aos riscos de perecer com o tempo. Nesse raciocínio, "a atividade jurisdicional tem de dispor de instrumentos e mecanismos adequados para contornar os efeitos deletérios do tempo sobre o processo"[130]. Tais mecanismos eram aqueles comportados pelo processo cautelar. Na doutrina de Humberto Theodoro Júnior:

---

[129] CÂMARA, Alexandre Freitas. *Lições de direito processual* civil: volume 3. 21. ed. São Paulo: Atlas, 2014. p. 9.

[130] THEODORO JÚNIOR, Humberto. *Curso de Direito Processual* Civil – Processo de Execução e Cumprimento da Sentença, Processo Cautelar e Tutela de Urgência. Rio de Janeiro: Forense, 2014. v. II. p. 707.

Se os órgãos jurisdicionais não contassem com um meio pronto e eficaz para assegurar a permanência ou conservação do estado das pessoas, coisas e provas, enquanto não atingido o estágio último da prestação jurisdicional, esta correria o risco de cair no vazio, ou de transformar-se em provimento inócuo e inútil.

Surge, então, o processo cautelar como uma nova face da jurisdição e como um *tertium genus*, contendo "a um só tempo as funções do processo de conhecimento e de execução", e tendo por elemento específico "a prevenção".

Enquanto o processo principal (de cognição ou execução) busca a composição da lide, o processo cautelar contenta-se em outorgar situação provisória de segurança para os interesses dos litigantes[131].

O processo cautelar, portanto, era "um instrumento de proteção de outro processo"[132]. Visava ele combater situações em que existia risco de efetivação de um processo e, por via oblíqua, de perecimento de um direito. Em resumo, na letra de Alexandre Freitas Câmara:

O processo cautelar é, pois, instrumento através do qual se presta uma modalidade de tutela jurisdicional consistente em assegurar a efetividade de um provimento a ser produzido em outro processo, dito principal. Ao contrário do que ocorre com os outros dois tipos de processo (cognitivo e executivo, e também com o sincrético, que é resultado da fusão dos outros dois), o processo cautelar não satisfaz o direito substancial, mas apenas garante que o mesmo possa ser realizado em momento posterior, permitindo, assim, uma forma de tutela jurisdicional mediata[133].

Sabe-se que, para se alcançar uma providência cautelar, no antigo CPC, dois requisitos deveriam ser preenchidos: o *periculum in mora* e o *fumus boni iuris*. O primeiro se resumia em um risco, objetivamente apurável, que corria o processo principal, de não ser útil à parte; o segundo se tratava da plausibilidade do direito substancial invocado por quem pretendia segurança[134].

---

[131] *Ibid.*, p. 707.

[132]

[133] CÂMARA, Alexandre Freitas. *Lições de direito processual civil: volume 3*. 21.ed. São Paulo: Atlas, 2014, p.10.

[134] THEODORO JÚNIOR, Humberto. *Curso de Direito Processual* Civil – Processo de Execução e Cumprimento da Sentença, Processo Cautelar e Tutela de Urgência. Vol. II, Rio de Janeiro: Forense, 2014, p. 716.

Utilizando-se o raciocínio exposto, poderíamos concluir que, por uma questão topográfica, a antecipação probatória tinha natureza cautelar. Contudo, antes de discorrer sobre as polêmicas de referida conclusão, vejamos como o antigo CPC regulava a produção antecipada de provas, *in verbis*:

> Art. 846. A produção antecipada da prova pode consistir em interrogatório da parte, inquirição de testemunhas e exame pericial.
>
> Art. 847. Far-se-á o interrogatório da parte ou a inquirição das testemunhas antes da propositura da ação, ou na pendência desta, mas antes da audiência de instrução:
>
> I - se tiver de ausentar-se;
>
> II - se, por motivo de idade ou de moléstia grave, houver justo receio de que ao tempo da prova já não exista, ou esteja impossibilitada de depor.
>
> Art. 848. O requerente justificará sumariamente a necessidade da antecipação e mencionará com precisão os fatos sobre que há de recair a prova.
>
> Parágrafo único. Tratando-se de inquirição de testemunhas, serão intimados os interessados a comparecer à audiência em que prestará o depoimento.
>
> Art. 849. Havendo fundado receio de que venha a tornar-se impossível ou muito difícil a verificação de certos fatos na pendência da ação, é admissível o exame pericial.
>
> Art. 850. A prova pericial realizar-se-á conforme o disposto nos arts. 420 a 439.
>
> Art. 851. Tomado o depoimento ou feito exame pericial, os autos permanecerão em cartório, sendo lícito aos interessados solicitar as certidões que quiserem.

O Art. 846 preconizava que a produção antecipada de provas se restringiria a alguns tipos específicos de prova, quais sejam: interrogatório da parte, inquirição de testemunhas e exame pericial. Conjugando o artigo em apreço com os demais, percebemos que, em todos os casos, a produção antecipada da prova se mostrava necessária por motivos de urgência. Veja-se que, nos termos do Art. 847 e incisos, o interrogatório da parte e a inquirição de testemunhas, feitos antecipadamente, tinham por fulcro o risco de se perder a prova por ter a parte/testemunha de se ausentar, idade avançada, moléstia grave etc. A perícia antecipada, igualmente, era viável somente se demonstrado o fundado receio de que sua realização viesse a se tornar impossível ou muito difícil na pendência do processo principal. Sobre o disposto, comenta Nelson Nery Junior:

> O risco de se perderem os vestígios necessários à comprovação da existência de fatos que sejam de vital importância no deslinde de questão a ser levada a juízo justifica o pedido de produção antecipada de prova, a ser feito por quem tenha legítimo interesse na demanda principal. [...] Permitir a efetiva produção de provas em ação de conhecimento ou de execução, em curso ou que virá a ser intentada, é a finalidade **desta ação cautelar**. O interesse da parte pode justificar seu ajuizamento em período anterior ao da ação principal, quando então terá caráter nitidamente preparatório; ou durante o curso de ação de conhecimento, quando a prova deverá ser produzida, desde que justificada a impossibilidade de a parte aguardar o momento processual próprio de produção probatória.[135]

Sobre ser a prova antecipada, na sistemática processual antiga, um procedimento de natureza cautelar, Christian Garcia Vieira, responde afirmativamente a indagação, pois a ação protegia o objeto sobre o qual recairia a instrução da demanda principal. A prova antecipada, outrossim, "além de constituir interesse estatal para o correto cumprimento do seu múnus em entregar a tutela jurisdicional, também representa a proteção do direito da parte em valer-se de todas as provas possíveis"[136].

Da mesma maneira, expressa Bernardo Pimentel Souza, para quem a produção antecipada de provas seria "cautelar típica para a colheita de interrogatório da parte, de inquirição de testemunha e de exames periciais urgentes, a fim de que sejam assegurados para posterior utilização no processo principal"[137]. Ideia semelhante reproduz Misael Montenegro Filho, que trata a antecipação da prova como "medida cautelar [...] que permite a uma das partes produzir prova em regime de antecipação, que

---

[135] NERY JUNIOR, Nelson. *Código de processo civil comentado e legislação processual civil extravagante em vigor*. 5.ed. São Paulo: Revista dos Tribunais, 2001. p. 1251-1252, grifo nosso.

[136] VIEIRA, Christian Garcia. *Asseguração de prova*. São Paulo: Saraiva, 2001. p. 28.

[137] SOUZA, Bernardo Pimentel. *Execuções, cautelares e embargos no processo civil*. São Paulo: Saraiva, 2013. p. 352.

seria apenas produzida posteriormente, notadamente no curso da fase de instrução da ação principal"[138].

Alexandre Freitas Câmara concordava se tratar de medida cautelar, mas a considerava *sui generis*. Afinal, as medidas cautelares tinham por finalidade assegurar a efetividade de um processo (principal) e, consequentemente, prestar tutela jurisdicional mediata a um direito. Para o doutrinador, a produção antecipada de provas, no regime do CPC de 1973, assegurava a efetividade do processo principal ao prestar tutela jurisdicional a um direito de índole processual, e não material: o direito à prova[139]. Percebe-se, pela posição sustentada, que o direito à prova (entendido em seu aspecto processual) é que daria fulcro à produção antecipada de provas. Tal posição parece se encaminhar para a tese acampada pelo Novo CPC e que se demonstrará, minuciosamente, no item próprio[140].

Também há quem sustente, como Daniel Amorim Assumpção Neves, que a cautelaridade da ação estaria preservada a partir de uma leitura ampla do conceito de *periculum in mora*. Nessa linha, se advogava que a noção de cautelar não se referia única e exclusivamente à prova em risco, visando preservá-la, mas também àquela prova cuja produção proveria o autor de elementos necessários para o ajuizamento de uma ação principal ou até para eventual realização de solução alternativa de conflitos[141].

---

[138] MONTENEGRO FILHO, Misael. *Curso de direito processual civil, volume 3*: medidas de urgência, tutela antecipada e ação cautelar, procedimentos especiais. 11. ed. São Paulo: Atlas, 2015. p. 124.

[139] *Cf.* CÂMARA, Alexandre Freitas. *Lições de direito processual civil*: volume 3. 21. ed. São Paulo: Atlas, 2014. p. 193.

[140] Fredie Didier e Paula Sarno Braga, antes mesmo da alteração legislativa, entendiam que a produção antecipada de provas não era propriamente cautelar e não pressupunha a demonstração do perigo da demora para ser admissível. A ação seria satisfativa do direito autônomo à prova, "direito este que se realiza com a coleta da prova em típico procedimento de jurisdição voluntária" (DIDIER JR., Fredie; BRAGA, Paula Sarno. Ações probatórias autônomas: produção antecipada de prova e justificação. *Revista de Processo*, v. 218/2013, p. 13-45, abr. 2013).

[141] NEVES, Daniel Amorim Assumpção *apud.* DIDIER JR., Fredie; BRAGA, Paula Sarno. Ações probatórias autônomas: produção antecipada de prova e justificação. *Revista de Processo*, v. 218/2013, p. 13-45, abr. 2013. Nas palavras de Daniel Amorim Assumpção Neves, "A doutrina, de forma uníssona, entende que o *periculum in mora* das cautelares probatórias diz respeito ao perigo de a prova não poder ser mais produzida, enquanto, para as demais cautelares, esse fenômeno jurídico diz respeito ao perigo que o resultado útil do processo corre em decorrência do tempo. A proposta é redimensionar o conceito de *periculum in mora* para as cautelares probatórias□ entende-se também nestas que o fenômeno processual diz respeito ao perigo de ineficácia do resultado final do processo. A prova antecipada, assim, será hipoteticamente necessária a um resultado positivo [isto é, futuro ajuizamento de demanda admissível]; somente esse resultado poderá ser eficaz, de forma que, em última análise, embora de forma hipotética, a produção antecipada de prova também tem a função de garantir um resultado positivo no processo principal, única forma de falar em resultado eficaz e útil". [...] Ao aplicar-se esse conceito de *periculum in mora* às ações probatórias autônomas, será possível defender sua natureza cautelar em qualquer hipótese, mesmo quando for possível a produção da prova posteriormente, porque uma prova favorável sempre funcionará para a obtenção de um resultado positivo, condição *sine qua non* para falar em resultado eficaz" (NEVES, Daniel Amorim Assumpção. *Ações probatórias autônomas*. São Paulo: Saraiva, 2008. p. 495).

Outro setor da doutrina, porém, não vislumbrava a natureza cautelar da ação de antecipação probatória. O argumento utilizado era o de que somente se reconhecia como cautelar a medida que se destinava à salvaguarda de uma tutela de direito material, situação que não ocorria na produção antecipada de provas no antigo CPC. Para Marinoni e Arenhart:

> [...] ainda que seja verdade que a admissão da asseguração de prova esteja condicionada ao *periculum in mora*, essa urgência não faz com que a medida assuma natureza cautelar, porque não há situação jurídica tutelável por ela protegida, nem visa ela a proteger a tutela adequada de qualquer direito. [...] A asseguração de prova não se destina à proteção de qualquer direito material, mas apenas à garantia da eficácia dos direitos de ação e defesa, ostentados pelas partes[142].

Depreende-se, da visão exposta, que a antecipação probatória não visava resguardar um direito material específico, o qual seria objeto de pretensão de tutela em ação futura, fator que desnaturaria a concepção de cautelaridade que envolvia o procedimento no Código de 1973. Em outras palavras, se o processo cautelar visava a proteção de um direito substancial para que, em demanda posterior, se discutisse o mérito da pretensão que o envolvia ou se garantisse um feito executivo, a antecipação da prova não poderia ser considerada um procedimento de natureza cautelar, haja vista que não havia direito material a proteger com o ajuizamento da ação, mas tão somente uma prova em si.

4.1.2 A questão da nomenclatura

Existe uma discussão doutrinária quanto à nomenclatura do instituto. Para muitos, o nome mais adequado para o procedimento seria "asseguração de prova", enquanto outros entendem que o termo adotado pelo CPC/1973 é o correto. Para os adeptos da primeira corrente, como Christian Garcia Vieira:

> [...] a efetiva produção da prova ocorre apenas no processo principal, uma vez que a produção da prova deve ser diferenciada na sua admissibilidade e atendibilidade. Logo, teria havido equívoco ao ser utilizada a restritiva expressão *produção antecipada da prova*, deixando de ser feita o neces-

---

[142] MARINONI, Luiz Guilherme; ARENHART, Sérgio Cruz. *Processo cautelar*. 6. ed. São Paulo: RT, 2014. p. 257-258.

sário discernimento entre a asseguração (mera proteção) e a efetiva produção[143].

Alexandre Freitas Câmara concorda com tal pensamento:

> É preciso notar, porém, que através desta medida não se terá, propriamente, produção da prova. Isso porque [...] o procedimento probatório tem três momentos, que devem ser obrigatoriamente observados: a proposição, a admissão e a produção da prova. Há, pois, que se observar esse procedimento para que se possa ter a prova por produzida. Antes de mais nada, é preciso que a parte requeira a produção da prova. Em seguida, é preciso que o juiz defira sua produção para que, só após esses dois momentos, a prova possa ser, efetivamente, produzida. Não se pode, pois, falar em produção da prova antes de sua proposição e admissão pelo juiz da causa. Assim sendo, o que se tem regulado nos arts. 846 a 851 do CPC não é, na verdade, um procedimento destinado a permitir a produção antecipada da prova. Esse instrumento que ora se estuda tem por fim assegurar a futura produção da prova, a qual se dará no processo principal. No procedimento da "produção antecipada de prova" não está presente nenhum dos três momentos do procedimento probatório. A proposição da prova deverá ser feita no processo principal (quando caberá ao interessado requerer que se produza aquela prova anteriormente assegurada). A admissão da prova também se dá no processo principal, já que ao juiz do processo de conhecimento é que cabe verificar quais são as provas cuja produção é necessária para a formação de seu convencimento. Por fim, a própria produção da prova só se pode dar no processo principal, já que tal produção não se resume à colheita da prova mas, também, à sua valoração, e esta, evidentemente, é encargo do juiz do processo de conhecimento. A "medida cautelar de produção antecipada de provas" é, pois, uma medida destinada a permitir que se garanta a futura produção da prova no processo de conhecimento, assegurando-se que a fonte da prova estará preservada[144].

Em sentido diverso, Daniel Amorim Assumpção Neves disserta:

> Ao tomar-se por base o perigo de a prova não poder ser produzida posteriormente, não há qualquer sentido, como

---

[143] VIEIRA, Christian Garcia. *Asseguração de prova*. São Paulo: Saraiva, 2001. p. 25-26.

[144] CÂMARA, Alexandre Freitas. *Lições de direito processual civil*: volume 3. 21.ed. São Paulo: Atlas, 2014. p. 191-192.

faz a doutrina nacional, de forma uníssona, em limitar sua existência à anterioridade ao processo principal, porque o perigo de não poder esperar pela fase de instrução do processo de conhecimento poderá verificar-se tanto antes como durante o processo de conhecimento, sempre antes da fase legalmente adequada à produção da prova. O equívoco deriva da falsa premissa de que, na produção antecipada de prova, não há produção de prova, mas sua mera asseguração, em entendimento que confunde, indevidamente, diferentes fases do procedimento probatório: produção e valoração. Na produção antecipada de prova, sempre esta será produzida e não valorada, fase privativa do juiz do processo de conhecimento ao sentenciar o feito, momento no qual deverá fixar a situação fática a embasar sua decisão. Haverá uma única diferença entre a prova produzida antecipadamente antes e durante o processo, mas ela é insuficiente para gerar uma distinção de suas natureza[145].

Neste livro, optamos por seguir o entendimento explanado pela corrente minoritária, considerando-se que a proposta aqui apresentada tem como fundamento a possibilidade de as partes, também destinatárias da prova, valorarem o conjunto probatório produzido antecipadamente, determinando os rumos de sua pretensão, que podem culminar no dissídio judicial, na realização de uma resolução alternativa da controvérsia ou mesmo na desistência, por ser infundado o interesse, da causa.

4.1.3 Hipóteses legais de antecipação da prova

Foram transcritos, anteriormente, os dispositivos do Código de Processo Civil revogado, que cuidavam do tema da antecipação probatória. Percebeu-se que o procedimento era, positivamente falando, restrito a determinadas hipóteses.

Entretanto, a doutrina divergia sobre a taxatividade das referidas hipóteses processuais de antecipação de prova. Com efeito, muitos entendiam que, devido ao poder geral de cautela do juiz[146], admitia-se a antecipação de qualquer meio de prova, desde que preenchidos os requisitos

---

[145] NEVES, Daniel Amorim Assumpção. *Ações probatórias autônomas*. São Paulo: Saraiva, 2008. p. 496.

[146] O poder geral de cautela do juiz será analisado no tópico "Poderes-deveres de instrução do magistrado" no Capítulo 4 (A ANTECIPAÇÃO DA PROVA COMO INSTRUMENTO DE VIABILIZAÇÃO DOS MEIOS ALTERNATIVOS DE SOLUÇÃO DE CONFLITOS) deste livro, com o fito de se discutir sobre a possibilidade de ingerência do juiz na produção antecipada de provas para fins de autocomposição.

do *periculum in mora* e do *fumus boni iuris*; outros, porém vislumbravam a possibilidade de se estender a previsão normativa apenas para a inspeção judicial; finalmente, havia entendimento de que as possibilidades legais eram taxativas e, portanto, somente quanto ao interrogatório da parte, à inquirição de testemunhas e ao exame pericial seria permitida a antecipação probatória[147].

Cabe-nos, nesse momento, fazer breves explanações acerca de mencionadas hipóteses legais.

4.1.3.1 Interrogatório (ou depoimento) da parte

O antigo Código, na Seção II do capítulo referente às provas, estatuía o "depoimento pessoal". Segundo lição de Didier Jr., Braga e Oliveira, o depoimento pessoal podia ser de duas espécies: o depoimento por provocação e o interrogatório[148]. No primeiro caso, o depoimento era requerido pela parte adversária, realizado na audiência de instrução e julgamento e era determinado sob pena de confissão ficta (nos termos do Art. 343, §1º, do Código revogado), caso a parte se recusasse a depor ou não comparecesse para o procedimento. Já o interrogatório era regulado pelo Art. 342 do CPC/1973, nos seguintes termos: "O juiz pode, de ofício, em qualquer estado do processo, determinar o comparecimento pessoal das partes, a fim de interrogá-las sobre os fatos da causa". No interrogatório, não se aplicava a sanção de confissão do depoimento provocado caso a parte não comparecesse ou se negasse a depor.

O interrogatório da parte, nessa nomenclatura, era uma das hipóteses de prova previstas no Art. 846 do CPC de 1973 passíveis de antecipação. Devemos apontar que, aqui, também reside discussão doutrinária.

---

[147] Moacyr Amaral Santos, defensor da primeira corrente, citado por Christian Garcia Vieira, entendia que o antigo Art. 846, que limitava a produção antecipada de provas àquelas hipóteses supracitadas, não afastaria a possibilidade de outras espécies de prova, desde que os fundamentos antecipatórios fossem preenchidos. Vieira também indica a posição de Antônio Macedo de Campos, que advoga pela taxatividade das provas descritas no Art. 846, vez que o antigo CPC objetivou tal limitação (*Cf.* VIEIRA, Christian Garcia. *Asseguração de prova*. São Paulo: Saraiva, 2001. p. 81, 83). Alexandre Freitas Câmara é um dos nomes que entendiam pela admissibilidade de antecipação da inspeção judicial, ao lado das outras provas. Para o processualista: "Haverá casos em que a asseguração da inspeção judicial se fará necessária, principalmente quando a urgência é tanta que não se pode esperar, nem mesmo, pela realização de exame ou vistoria, em regra mais demorados". (CÂMARA, Alexandre Freitas. *Lições de direito processual civil*: volume 3. 21. ed. São Paulo: Atlas, 2014. p. 197)

[148] *Cf.* DIDIER, Fredie; BRAGA, Paula Sarno; OLIVEIRA, Rafael Alexandria de. *Curso de direito processual civil*: teoria da prova, direito probatório, teoria do precedente, decisão judicial, coisa julgada e antecipação dos efeitos da tutela. 4. ed. Salvador: Juspodivm, 2009. v. 2. p. 106.

Enquanto parte da doutrina entendia que a prova a se antecipar era, de fato, o interrogatório da parte, outro setor acreditava ser o depoimento provocado o tipo de prova legislado no CPC/1973.

Para Alexandre Freitas Câmara:

> [...] o interrogatório tem por finalidade esclarecer o juiz sobre os fatos da causa, enquanto o depoimento pessoal tem dupla finalidade: além de esclarecer o juiz sobre os fatos da causa, provocar a confissão. O CPC brasileiro permite apenas a asseguração do interrogatório, não a do depoimento antecipado. E não poderia mesmo ser de outra forma, já que a segunda finalidade do depoimento pessoal (a primeira, como se viu, é comum aos dois meios de prova) não poderia ser alcançada através da prova assegurada em sede cautelar. Isso porque não seria admissível que se presumisse que a parte confessou fatos que, talvez, nem se saiba exatamente quais são. Relembre-se, aqui, de que a demanda cautelar pode ter sido ajuizada por aquele que irá figurar como demandado no processo principal, caso em que não se sabe ainda, com precisão, quais serão os 'fatos da causa'. A aplicação da 'pena de confesso' é, pois, impossível. [...] Assim, é de se considerar que apenas o interrogatório, e não o depoimento pessoal, poderá ser assegurado através da tutela jurisdicional cautelar[149].

Em contraposição, Christian Garcia Vieira aduz que:

> [...] diferentemente do depoimento pessoal, o interrogatório da parte somente pode ser requerido de ofício, fato suficiente para apontar o erro do CPC, na exata medida em que não é possível que a parte requeira o interrogatório, como supostamente faz alusão o Art. 846. O depoimento pessoal poderá ser realizado tanto *ex officio* (Art. 343), como a pedido da parte. [...] Para afastar a pena de confissão na asseguração cautelar da prova, sustenta-se que, nesse procedimento, não é possível exercer juízo de valoração da prova, mera preservação, o que, consequentemente, impede que se apliquem os efeitos decorrentes da ausência de resposta, seja pelo não comparecimento ou pela recusa de depor. [...] Na hipótese de configuração de circunstância que ensejaria a aplicação da pena, esse fato deverá ser valorado pelo juiz da causa principal[150].

---

[149] CÂMARA, Alexandre Freitas. *Lições de direito processual civil: volume 3.* 21.ed. São Paulo: Atlas, 2014. p. 194-195.

[150] VIEIRA, Christian Garcia. *Asseguração de prova.* São Paulo: Saraiva, 2001. p. 87-94.

Analisando os fundamentos utilizados pelos processualistas, pare-ce-nos que a segunda corrente anotada se revela mais adequada. Afinal, considerando-se que o interrogatório é tipo de prova determinado de ofício pelo juiz, mostra-se incompatível a providência feita a pedido do requerente da prova antecipada para oitiva da parte adversa. Ademais, como demonstra Daniel Amorim Assumpção Neves:

> Durante a colheita da prova oral da parte verificada nessa cautelar é inegável o direito do patrono do autor de elaborar perguntas para o sujeito que chamou à audiência, o que também contraria os aspectos formais do interrogatório da parte, no qual as perguntas concentram-se, exclusiva-mente, na pessoa do juiz. Seria, de fato, manifesto absurdo permitir que o requerente ingresse com processo judicial objetivando a produção de prova e não possa participar ativamente de sua realização[151].

Discorrendo sobre o objeto do depoimento pessoal – a confissão – Neves anota que:

> Nesse caso específico, apesar da natureza de depoimento pessoal do meio de prova, a confissão – por ser tão somente uma consequência da produção de prova e não um meio de prova – constitui fenômeno privativo do momento de valoração da prova, que somente ocorrerá no julgamento da ação principal. [...] Por ser a confissão apenas uma conse-quência eventual de outros meios de prova – no que interessa nesse momento do depoimento pessoal – a ser considerada no momento de julgamento do processo principal, não há como considerar cabível tal fenômeno no processo cautelar de produção antecipada de provas[152].

A impossibilidade de ser gerada a confissão poderia transparecer a ideia de ineficácia total dessa espécie de antecipação probatória, já que o não comparecimento da parte contrária ou sua recusa em realizar o depoimento não implicariam em confissão ficta. Dita ideia, porém, não é aceitável, pois, de acordo com Neves, a ausência injustificada, bem como a negativa de depor, poderiam causar, no juiz do processo principal, a pre-sunção do receio da verdade, contrária ao interesse da parte demandada, condição que seria ponderada pelo magistrado na decisão do litígio[153].

---

[151] NEVES, Daniel Amorim Assumpção. *Ações probatórias autônomas*. São Paulo: Saraiva, 2008. p. 180.

[152] *Ibid.*, p. 180.

[153] NEVES, Daniel Amorim Assumpção. *Ações probatórias autônomas*. São Paulo: Saraiva, 2008. p. 182.

O CPC/1973 delimitava os fundamentos autorizadores da antecipação: a necessidade de que a parte se ausentasse ou se, por motivo de idade ou de moléstia grave, houvesse justo receio de que ao tempo da prova já não existisse, ou estivesse impossibilitada de depor, devendo o requerente justificar sumariamente a necessidade da antecipação e mencionar com precisão os fatos sobre os quais recairia a prova (Art. 847). Nota-se que a lei trazia consigo o próprio conteúdo do *periculum in mora* dessa cautelar específica, consistente na "probabilidade de não ter a parte condições, no momento processual adequado, de produzir a prova, porque o fato é passageiro, ou porque a coisa ou pessoa possam perecer ou desaparecer"[154]. Contudo, como asseverava Câmara:

> [...] a enumeração das hipóteses em que será admitida a asseguração da prova oral, contida no Art. 847 do CPC, é meramente exemplificativa. Presente o *periculum in mora*, requisito de concessão da tutela cautelar, não há como se negar a asseguração da prova, ainda que a razão do perigo não se enquadre na previsão contida no texto da norma[155].

Portanto, se o interrogatório (depoimento) da parte não pudesse ser feito durante a fase de instrução do processo principal, qualquer que fosse o motivo, havendo risco de perecimento da prova, sua antecipação se mostrava plausível.

4.1.3.2 Inquirição de testemunhas

A prova testemunhal é aquela obtida a partir do depoimento de um terceiro, pessoa distinta dos sujeitos do processo, que é chamado ao juízo para dizer o que sabe sobre os fatos em prova. O testemunho contém a descrição do que foi percebido pelo terceiro convocado ao processo, não cabendo a ele fazer qualquer valoração sobre os fatos aos quais é inquirido.

Assim como no tipo de prova antecipada estudado anteriormente, na inquirição de testemunhas, a parte deveria demonstrar o risco de se perecer a prova devido à necessidade de ausência da testemunha ou pelo risco de que esta estivesse impossibilitada de ser ouvida. Seriam intimados os interessados a comparecer à audiência em que realizaria a oitiva. Igualmente, havendo qualquer outro motivo que ensejaria risco

---

[154] THEODORO JÚNIOR, Humberto. *Curso de Direito Processual Civil* – Processo de Execução e Cumprimento da Sentença, Processo Cautelar e Tutela de Urgência. Rio de Janeiro: Forense, 2014. v. II. p. 871.

[155] CÂMARA, Alexandre Freitas. *Lições de direito processual civil*: volume 3. 21. ed. São Paulo: Atlas, 2014. p. 196.

à produção futura da prova testemunhal, não se deveria negar a sua efetivação. A parte interessada deveria indicar, logo na petição inicial, qual testemunha pretendia ouvir, bem como declinar os fatos e circunstâncias justificadores do testemunho antecipado.

Questão interessante dizia respeito à possibilidade ou não de se contraditar a testemunha nomeada pela parte interessada. Para Galeno Lacerda e Carlos Alberto Alvaro de Oliveira, era inviável a contradita, devendo o juiz da causa principal, posteriormente, medir a incapacidade, impedimento ou suspeição da testemunha[156]. Mesma posição sustentava José Pedro Pedrassani, para quem a contradita na antecipação probatória confrontava com a natureza cautelar do processo, "que tem na urgência de conservação sua maior motivação, além de redundar em manifesto prejuízo para o requerente, ante o perigo de perder-se o depoimento"[157]. Entendendo-se que a testemunha deveria ser contraditada, o réu da ação cautelar requereria ao juiz a redução a termo dessa observação para, no processo principal, ter elementos a corroborar a impugnação do testemunho.

Contudo, como alerta Christian Garcia Vieira, se a testemunha declarava, no ato de compromisso, qualquer fato que implicaria em nítido impedimento, incapacidade ou suspeição, a parte contrária deveria impugnar a recepção da prova acautelada, que deveria ser acolhida, até mesmo de ofício, diante do exposto no testemunho e da potencial e evidente parcialidade do depoimento[158].

4.1.3.3 Exame pericial

A asseguração da prova pericial, nos termos do disposto no Art. 849 do CPC revogado, era cabível quando houvesse fundado receio de que viesse a se tornar impossível ou muito difícil a verificação de certos fatos na pendência do processo de conhecimento. Ou seja, como nos demais casos expressos na lei revogada, o exame pericial era cabível quando se verificava ameaça de que a prova pudesse não ser passível de realização no momento oportuno.

Esclarece Christian Garcia Vieira que o CPC/1973 utilizava-se do termo "exame pericial", no Art. 849, para designar toda modalidade de

---

[156] LACERDA, Galeno; Carlos Alberto Alvaro de Oliveira *apud* VIEIRA, Christian Garcia. *Asseguração de prova.* São Paulo: Saraiva, 2001. p. 103.

[157] PEDRASSANI, José Pedro *apud* VIEIRA, Christian Garcia. *Asseguração de prova.* São Paulo: Saraiva, 2001. p. 103.

[158] *Cf.* VIEIRA, Christian Garcia. *Asseguração de prova.* São Paulo: Saraiva, 2001. p. 104.

perícia (exame, vistoria, arbitramento e avaliações)[159]. Apenas para fins de recapitulação, mister se faz tecer sumárias palavras sobre a prova pericial. Na lição de Didier Jr., Braga e Oliveira:

> A prova pericial é aquela pela qual a elucidação do fato se dá com auxílio de um perito, especialista em determinado campo do saber, devidamente nomeado pelo juiz, que deve registrar sua opinião técnica e científica no chamado laudo pericial – que poderá ser objeto de discussão pelas partes e seus assistentes técnicos[160].

Sobre as modalidades de perícia, José Frederico Marques leciona:

> Exame é a inspeção realizada por perito para certificar-se da existência de algum fato ou circunstância que interesse à solução do litígio e tem por objeto coisas móveis, semoventes, livros comerciais, documentos e papéis em geral, e até mesmo pessoas. Quando a perícia recai sobre bem imóvel é denominada vistoria. Já a avaliação é o exame pericial destinado a verificar o valor em dinheiro de alguma coisa ou obrigação que, todavia, chama-se arbitramento em se tratando de verificação ou estimativa tendo por objeto um serviço ou cálculo abstrato sobre indenização ou sobre o valor de alguma obrigação[161].

Para Vieira, a abrangência do conceito de "perícia" deveria ser limitada. Segundo o doutrinador, o laudo pericial se restringiria "à função meramente descritiva da averiguação-percepção"[162]. Logo, a avaliação e o arbitramento estariam excluídos da possibilidade de antecipação probatória. Afinal, ao se realizar tais tipos de perícia, o juiz do processo cautelar estaria produzindo a prova (valorando, especificamente), devendo o exame pericial ficar restrito à descrição dos fatos, sem ter qualquer carga valorativa.

Daniel Amorim Assumpção Neves, em outro sentido, afirmava haver confusão entre produção de prova e valoração, por parte da doutrina supracitada. Ademais, a avaliação e o arbitramento, como todas as outras espécies de perícia, poderiam ou não influenciar o juiz do processo principal, haja vista que esse não se atinha ao laudo pericial[163].

---

[159] Cf. VIEIRA, Christian Garcia. *Asseguração de prova*. São Paulo: Saraiva, 2001. p. 103.

[160] DIDIER, Fredie; BRAGA, Paula Sarno; OLIVEIRA, Rafael Alexandria de. *Curso de direito processual civil*: teoria da prova, direito probatório, teoria do precedente, decisão judicial, coisa julgada e antecipação dos efeitos da tutela. 4. ed. Salvador: Juspodivm, 2009. v. 2. p. 223.

[161] MARQUES, José Frederico *apud* VIEIRA, Christian Garcia. *Asseguração de prova*. São Paulo: Saraiva, 2001. p. 107.

[162] *Ibid.*, p. 108.

[163] NEVES, Daniel Amorim Assumpção. *Ações probatórias autônomas*. São Paulo: Saraiva, 2008. p. 180.

A proposta da obra nos faz crer que todas as modalidades periciais eram (e são) admissíveis de antecipação probatória. Com efeito, sustentando-se na concepção de que a prova também se destina às partes, a carga valorativa não fica restrita ao magistrado. Detendo, as partes, o laudo pericial, de qualquer que seja a perícia, poderão elas ponderar suas reais chances em eventual processo judicial e/ou viabilizar uma solução alternativa para o conflito.

4.2 PROVA ANTECIPADA NA SISTEMÁTICA DO CPC/2015

4.2.1 Notas introdutórias

O Código de Processo Civil de 2015 regula a produção de prova antecipada entre os artigos 381 e 383[164]. A atual legislação manteve a nomenclatura antiga, apesar dos diversos questionamentos.

Em primeiro lugar, nota-se que, de forma manifesta, o Código deixou de prever modalidades de prova passíveis de antecipação, cuja

---

164   Art. 381. A produção antecipada da prova será admitida nos casos em que:

I - haja fundado receio de que venha a tornar-se impossível ou muito difícil a verificação de certos fatos na pendência da ação;

II - a prova a ser produzida seja suscetível de viabilizar a autocomposição ou outro meio adequado de solução de conflito;

III - o prévio conhecimento dos fatos possa justificar ou evitar o ajuizamento de ação.

§ 1o O arrolamento de bens observará o disposto nesta Seção quando tiver por finalidade apenas a realização de documentação e não a prática de atos de apreensão.

§ 2o A produção antecipada da prova é da competência do juízo do foro onde esta deva ser produzida ou do foro de domicílio do réu.

§ 3o A produção antecipada da prova não previne a competência do juízo para a ação que venha a ser proposta.

§ 4o O juízo estadual tem competência para produção antecipada de prova requerida em face da União, de entidade autárquica ou de empresa pública federal se, na localidade, não houver vara federal.

§ 5o Aplica-se o disposto nesta Seção àquele que pretender justificar a existência de algum fato ou relação jurídica para simples documento e sem caráter contencioso, que exporá, em petição circunstanciada, a sua intenção.

Art. 382. Na petição, o requerente apresentará as razões que justificam a necessidade de antecipação da prova e mencionará com precisão os fatos sobre os quais a prova há de recair.

§ 1o O juiz determinará, de ofício ou a requerimento da parte, a citação de interessados na produção da prova ou no fato a ser provado, salvo se inexistente caráter contencioso.

§ 2o O juiz não se pronunciará sobre a ocorrência ou a inocorrência do fato, nem sobre as respectivas consequências jurídicas.

§ 3o Os interessados poderão requerer a produção de qualquer prova no mesmo procedimento, desde que relacionada ao mesmo fato, salvo se a sua produção conjunta acarretar excessiva demora.

§ 4o Neste procedimento, não se admitirá defesa ou recurso, salvo contra decisão que indeferir totalmente a produção da prova pleiteada pelo requerente originário.

Art. 383. Os autos permanecerão em cartório durante 1 (um) mês para extração de cópias e certidões pelos interessados.

Parágrafo único. Findo o prazo, os autos serão entregues ao promovente da medida.

taxatividade se discutia, bem como dispensou o *periculum in mora*, como requisito de admissibilidade do procedimento, para certas hipóteses, ao contrário do que ocorria no CPC revogado. Devido à dispensa da urgência como pressuposto para ajuizamento da ação, temos o reconhecimento, pelo CPC/2015, do direito autônomo à prova.

Contudo, o Art. 382 estatui que a parte deverá apresentar as razões justificadoras da necessidade da antecipação probatória, mencionando os fatos sobre os quais a prova recairá. Tal prescrição parece contradizer a afirmação anterior de que se torna prescindível o requisito do *periculum in mora* para produzir-se, antecipadamente, a prova. Procuraremos, nos tópicos que seguem, resolver aparente dilema, tendo sempre como prisma a proposta nuclear do estudo.

Finalmente, discorrer-se-á sobre os aspectos procedimentais da antecipação probatória no CPC/2015, ressalvando-se que, quanto à antecipação da prova como instrumento de viabilização dos meios alternativos de solução de conflitos, objeto do presente estudo, destinar-se-á um capítulo próprio.

4.2.2 Natureza jurídica do procedimento

No tópico referente à prova antecipada na sistemática do CPC de 1973, observou-se a celeuma doutrinária quanto à natureza do procedimento: se cautelar ou não. No Novo Código processual, cada hipótese legal de admissão da prova antecipada deve ser analisada a fim de tentar se determinar sua natureza jurídica.

Realmente, ao nos debruçarmos sobre os incisos do Art. 381, perceberemos que há, como no antigo Código, similitudes cautelares em determinada hipótese, enquanto em outras, dispensam-se totalmente os requisitos típicos da concessão de tutela cautelar.

A primeira hipótese aventada pelo artigo 381 assemelha-se àquelas possibilidades do CPC/1973 ao prescrever a admissão da prova antecipada desde que demonstrado seu risco de perecimento.

Com relação às demais hipóteses, verifica-se a dispensabilidade do *periculum in mora*, não havendo correlação com as cautelares previstas no Código de 1973. Em tais casos, como não se busca tutelar um direito material em risco, o qual seria objeto de discussão em um processo principal, diz-se que a prova antecipada objetiva a efetivação do direito autônomo à prova. Efetivamente, extrai-se, da leitura dos incisos II e III do Art. 381 do NCPC, que a antecipação probatória tem outros fins que não a proteção de um direito, já que será admitida a antecipação se a prova a ser produzida for suscetível de viabilizar a autocomposição ou outro meio adequado de solução de conflito (inciso II), ou se o prévio conhecimento dos fatos justificar ou evitar o ajuizamento de ação (inciso III)[165]. Nas palavras de Caldas e Jobim:

> [...] a antecipação da prova nas hipóteses referidas satisfazem o direito autônomo à prova, cujo conteúdo esgota-se na busca e na pré-constituição da prova. Daí porque não há falar em existência ou demonstração de perigo da demora. Caso a medida se destinasse a realizar (satisfazer) o próprio direito material a ser futuramente postulado, ou seja, quando ausente a cautelaridade (instrumentalidade) da antecipação, indispensável seria a demonstração do *periculum in mora*[166].

O Novo CPC, como leciona André Bruni Viera Alves, rompe com a tradição vista no antigo Código de ter a prova antecipada como instrumento acautelatório, com o propósito de se resguardar e conservar a prova para ser aproveitada no processo principal. Com isso, passa-se a admitir, em nível de legislação ordinária, a ação probatória autônoma, cujo propósito é prevenir/evitar uma ação judicial a partir das possibilidades de solução

---

[165] Sobre a inovação trazida pelo Novo CPC, os juristas argentinos Matías A. Sucunza e Francisco Verbic trazem interessante classificação: "[...] *la nueva norma estipula por lo menos dos formas o tipos de prueba anticipada: la conservativa (línea clásica de trabajo que en general engloba la anticipación de prueba como una especie de medida cautelar), y la que llamaremos proactiva. La primera es aquella que se corresponde con la tradición prueba anticipada y que tiene por objeto, en principio, asegurar o conservar las fuentes de prueba pensando en el ulterior proceso a promover. La segunda, en cual englobamos los incisos (ii) y (iii), propone un giro acerca de la concepción y función de la prueba anticipada, procurando brindar a través de ella información y elementos de conocimiento a las partes para la autocomposición o deserción del litigio y, eventualmente, la mejor preparación de la contienda*" (SUCUNZA, Matías A.; VERBIC, Francisco. Prueba anticipada en el nuevo Código Procesal Civil: un instituto relevante para la composición eficiente, informada y justa de los conflictos. *In:* DIDIER JR., Fredie; JOBIM, Marco Félix; FERREIRA, William Santos (org.). *Grandes temas do Novo CPC:* Direito probatório. 2. ed. Salvador: Juspodivm, 2016. v. 5, p. 604). Os autores adotam a classificação empregada por Sosa, o qual ensina que "*La anticipación de la prueba se realiza con finalidad proactiva cuando se propende a la medición de las propias fuerzas y las del adversario, con el objetivo de calcular las probabilidades de éxito, pudiendo conducir a no iniciar el proceso o a terminarlo sin llega a la sentencia o a persistir en él hasta la emisión de la sentencia de mérito, en todos los casos para procurar el bien mayor o evitar el mal mayor percibidos como más probables. La consigna es probar antes de – y para luego recién-actuar procesalmente*" (apud SUCUNZA, Matías A.; VERBIC, Francisco. Prueba anticipada en el nuevo Código Procesal Civil: un instituto relevante para la composición eficiente, informada y justa de los conflictos. *In:* DIDIER JR., Fredie; JOBIM, Marco Félix; FERREIRA, William Santos (org.). *Grandes temas do Novo CPC*: Direito probatório. 2. ed. Salvador: Juspodivm, 2016. v. 5, p. 607).

[166] DIDIER JR., Fredie; JOBIM, Marco Félix; FERREIRA, William Santos (org.). *Grandes temas do Novo CPC:* Direito probatório. 2. ed. Salvador: Juspodivm, 2016. v. 5, p. 554.

extrajudicial que se abrem, ou por revelar aos interessados uma situação que permita melhor e mais acurada reflexão a respeito das circunstâncias fáticas ligadas ao conflito[167].

Fredie Didier Jr., Paula Sarno Braga e Rafael Alexandria de Oliveira, contudo, apresentam natureza diversa ao procedimento da antecipação probatória. Para os processualistas, trata-se de procedimento de jurisdição voluntária, pois "não há necessidade de afirmação do conflito em torno da produção da prova"[168].

Nos procedimentos de jurisdição voluntária, conforme leciona Humberto Theodoro Júnior, reproduzindo lição de Prieto-Castro, o Poder Judiciário é convocado a desempenhar uma função administrativa destinada a tutelar a ordem jurídica mediante a constituição, asseguramento, desenvolvimento, e modificação de estados e relações jurídicas com caráter geral[169].

Eduardo Talamini escreve que o requerimento de produção antecipada de provas é ação, por veicular pedido de tutela jurisdicional e configura procedimento de jurisdição voluntária especial por se inserir no contexto de um conflito, sem ter o escopo direto de o resolver. Assevera, porém, que é possível se estabelecer um confronto específico, relativo à própria produção da prova, devendo o juiz substituir as partes, atuar como terceiro imparcial e definir as normas jurídicas incidentes sobre os fatos postos, relativamente à admissibilidade e o modo de se produzir a prova[170].

---

[167] BRUNI V.A., André. Da admissibilidade na produção antecipada de provas sem o requisito da urgência (ações probatórias autônomas no novo CPC). *In:* DIDIER JR., Fredie; JOBIM, Marco Félix; FERREIRA, William Santos (org.). *Grandes temas do Novo CPC:* Direito probatório. 2. ed. Salvador: Juspodivm, 2016. v. 5, p. 558.

[168] DIDIER JR., Fredie; BRAGA, Paula Sarno; OLIVEIRA, Rafael Alexandria de. *Curso de direito processual civil*: teoria da prova, direito probatório, ações probatórias, precedente, coisa julgada e antecipação dos efeitos da tutela. 10. ed. Salvador: Juspodivm, 2015. v. 2. p. 139.

[169] *Cf.* THEODORO JÚNIOR, Humberto. *Curso de Direito Processual Civil* – Procedimentos Especiais. 50. ed. Rio de Janeiro: Forense, 2016. v. II. p. 437.

[170] *Cf.* TALAMINI, Eduardo. Produção antecipada de prova no código de processo civil de 2015. *Revista de Processo*, v. 260/2016, p. 75-101, out. 2016.

4.2.3 Aspectos procedimentais da antecipação probatória no Novo CPC

4.2.3.1 Cabimento

4.2.3.1.1 Fundado receio de que venha a tornar-se impossível ou muito difícil a verificação de certos fatos na pendência da ação

Como adiantado, a hipótese de cabimento prevista no Art. 381, I, do NCPC, é aquela que preserva a cautelaridade que caracterizava o procedimento no antigo Código processual. Efetivamente, aqui, somente se demonstrado o fundado receio de que venha a se tornar impossível ou muito difícil a verificação de certos fatos na pendência da ação é que se mostra possível a antecipação probatória.

Realmente, a parte poderá pleitear a antecipação probatória quando haja fundado receio de que, na pendência da ação principal, venha a tornar-se impossível ou muito difícil a verificação de certos fatos. A impossibilidade ou dificuldade de verificação dos fatos é o que qualifica o inciso I do Art. 381 como cautelar. Nesse mesmo sentido, anuem Adriano Caldas e Marco Félix Jobim:

> A exigência de demonstração do perigo da demora foi mantida, constituindo-se em medida de natureza cautelar, voltada à preservação da prova que se veja sob ameaça, caso sua produção for relegada para momento futuro. [...]
>
> Aqui, não se almeja a satisfação do direito à prova em si, mas sim a conservação do direito material a ser futuramente postulado em processo cognitivo. Em outras palavras, preserva-se determina faculdade probatória que servirá de conduto à futura realização do direito material[171].

Também nesse sentido, leciona Alexandre Freitas Câmara que a previsão legal se aplica aos "casos em que se verifica a existência de risco de que, em razão da demora necessária para que se chegue ao momento

---

[171] CALDAS, Adriano; JOBIM, Marco Félix. A produção antecipada de prova e o novo CPC. *In:* DIDIER JR., Fredie; JOBIM, Marco Félix; FERREIRA, William Santos (org.). *Grandes temas do Novo CPC:* Direito probatório. 2. ed. Salvador: Juspodivm, 2016. v. 5, p. 552-553.

em que normalmente se daria, no processo de conhecimento, a produção de uma prova, não seja mais possível sua colheita"[172].

4.2.3.1.2 Prova a ser produzida é suscetível de viabilizar a autocomposição ou outro meio adequado de solução de conflito

A segunda hipótese descrita no Art. 381 do CPC/2015, objeto deste livro, diz respeito à antecipação probatória com fito de tornar suscetível a viabilização da autocomposição ou de outro meio adequado de solução de conflito.

A disposição está em consonância com o estatuído no Art. 3º, §3º, do Novo Código que, entre as normas fundamentais do processo civil, determina o estímulo à conciliação, a mediação e aos outros métodos de solução consensual. Como o inciso em questão é o ponto central de discussão da obra, sua abordagem será promovida apartadamente, em capítulo específico.

4.2.3.1.3 Prévio conhecimento dos fatos pode justificar ou evitar o ajuizamento de ação

O prévio conhecimento dos fatos, pelas partes, com vistas a justificar ou evitar uma demanda judicial, é também uma das hipóteses previstas pelo novel Art. 381 do CPC/2015. Assim como no caso anterior, a lei autoriza a produção antecipada da prova sem que haja perigo na sua colheita e conservação. A hipótese em comento prevê a produção probatória antecipada como faculdade à preparação da pretensão principal. Em verdade, produzir-se a prova, antecipadamente, para fins de prévio conhecimento dos fatos justificadores de uma postulação judicial permite a elaboração de uma demanda mais séria e responsável, bem como tende a prevenir o ajuizamento de ações sem base fática suficiente.

4.2.3.1.4 Arrolamento de bens e justificação

O §1º do Art. 381 do Novo CPC ainda prevê que o arrolamento de bens, quando tiver por finalidade apenas a realização de documentação, e não a prática de atos de apreensão, observará o mesmo procedimento

---

[172] CÂMARA, Alexandre Freitas. *O novo processo civil brasileiro*. São Paulo: Atlas, 2015. p. 237.

da produção antecipada de provas. Nos termos em que ensinam Didier Jr., Braga e Oliveira, o dispositivo cuida de casos em que se busca apenas a informação sobre bens que compõem uma universalidade, não se pretendendo qualquer medida constritiva[173]. Em suma, a medida de arrolamento descrita no Art. 381, §1º, do NCPC "serve apenas para a elaboração de um documento que contenha uma listagem de bens e, por isso, é tratada como providencia a ser postulada através de uma demanda probatória autônoma"[174].

Já o §5º do mesmo Art. 381 preceitua que o procedimento de antecipação de provas aplicar-se-á "àquele que pretender justificar a existência de algum fato ou relação jurídica para simples documento e sem caráter contencioso, que exporá, em petição circunstanciada, a sua intenção". Ou seja, o dispositivo em apreço trata da justificação, "via processual adequada para aquele que pretende, em juízo, demonstrar, através de prova testemunhal, a existência de um fato ou de uma relação jurídica para simples documento e sem caráter contencioso"[175].

4.1.3.1.5 Provas passíveis de antecipação

O CPC de 1975, como visto, previa hipóteses, cuja taxatividade se discutia, de admissão da prova antecipada. O Novo Código, ao contrário, não estipula quais espécies de provas podem ou não ser produzidas antecipadamente.

Os juristas argentinos Matías A. Sucunza e Francisco Verbic indagam acerca da extensão da prescrição legal, se o legislador, ao estabelecer que *a prova a ser produzida deve ser suscetível de viabilizar a solução do conflito* se refere a uma única prova ou a um conjunto probatório. A tal questão, respondem:

> [...] *Siendo que en muchos casos la posible composición del litigio no depende de una única prueba, consideramos que el criterio interpretativo debe ser generoso, permitiendo utilizar y concretar la producción de todos aquellos medios probatorios que los intervinientes estimen aptos y que, con relación a los*

---

[173] DIDIER JR., Fredie; BRAGA, Paula Sarno; OLIVEIRA, Rafael Alexandria de. *Curso de direito processual civil*: teoria da prova, direito probatório, ações probatórias, precedente, coisa julgada e antecipação dos efeitos da tutela. 10. ed. Salvador: Juspodivm, 2015. v. 2. p. 140.

[174] CÂMARA, Alexandre Freitas. *O novo processo civil brasileiro*. São Paulo: Atlas, 2015. p. 238.

[175] CÂMARA, Alexandre Freitas. *O novo processo civil brasileiro*. São Paulo: Atlas, 2015. p. 238.

argumentos fácticos y jurídicos que expongan, el juez evalúe puedan ayudar a informar a las partes, conocer sus posiciones y arribar a la composición del conflicto. Esta es la solución que mejor se compadece con el sentido y finalidad del instituto y con la pauta hermenéutica que el legislador ha fijado al enfatizar la necesidad de promover la solución consensuada de los conflictos, el deber de colaboración y buena fe[176].

Mesma posição sustenta Marcus Vinicius Rios Gonçalves, afirmando não haver qualquer restrição à antecipação das provas, que pode ter por objeto qualquer meio de prova[177]. Igualmente argumenta Eduardo Talamini, para quem, a princípio, todo meio de prova comporta produção antecipada, pois "os termos dos artigos 381 e seguintes são amplos o suficiente para assegurar essa conclusão – em contraste com o CPC/1973, que fazia referência expressa apenas à antecipação de prova oral ou pericial"[178].

Dois dos princípios probatórios estudados anteriormente também podem ser citados, nesse momento, como fundamentos a se autorizar a produção antecipada de qualquer prova: o princípio da máxima eficiência e o princípio da atipicidade da prova.

Como se viu, pelo primeiro princípio, o meio de prova empregado no procedimento deve ser o mais eficiente possível. Outrossim, a prova se produzir deve ser a mais apta a alcançar os objetivos para os quais se deferiu sua produção. Dessa maneira, o princípio impõe que a produção probatória antecipada se dê da forma mais eficiente possível, situação que somente é possível se não houver restrições quanto aos tipos de prova passíveis de antecipação.

Ademais, pelo segundo princípio mencionado, que autoriza a produção probatória para além dos modos de prova previstos em lei, o procedimento em estudo ganha respaldo para se autorizar a produção antecipada de provas não previstas, tipicamente, pela legislação processual. Com isso, poder-se-á deferir a produção probatória para além dos tipos de prova descritos no NCPC.

---

[176] SUCUNZA, Matías A.; VERBIC, Francisco. Prueba anticipada en el nuevo Código Procesal Civil: un instituto relevante para la composición eficiente, informada y justa de los conflictos. *In*: DIDIER JR., Fredie; JOBIM, Marco Félix; FERREIRA, William Santos (org.). *Grandes temas do Novo CPC*: Direito probatório. 2. ed. Salvador: Juspodivm, 2016. v. 5, p. 599-620.

[177] *Cf.* GONÇALVES, Marcus Vinicius Rios. *Direito processual civil esquematizado*. Coordenador Pedro Lenza. 6. ed. São Paulo: Saraiva, 2016. p. 480.

[178] TALAMINI, Eduardo. Comentários ao artigo 381 do Novo Código de Processo Civil. *In*: CABRAL, Antonio do Passo; CRAMER, Ronaldo (coord.). *Comentários ao novo código de processo civil*. 2. ed. Rio de Janeiro: Forense, 2016. p. 588.

No Código de 2015, portanto, deve-se entender ser indevido especificar ou restringir os tipos de prova passíveis de antecipação. No CPC anterior, a suposta taxatividade era combatida com o argumento de que os requisitos basilares do processo cautelar (*periculum in mora* e *fumus boni iuris*) permitiam a concessão de cautelares inominadas, condição que autorizava a produção probatória para além das espécies de prova prescritas na lei. No NCPC, como se observou, a cautelaridade se tornou exceção para admissibilidade da antecipação probatória. Os argumentos utilizados, agora, para embasar a produção antecipada de provas de qualquer espécie têm como fulcro o direito autônomo à prova, os princípios supracitados e, obviamente, a inexistência de delimitação legal.

4.2.3.2 Competência

A produção antecipada da prova é da competência do juízo do foro onde essa deva ser produzida ou do foro de domicílio do réu, como preceitua o §2º do Art. 381 do NCPC. Nota-se que a novel legislação trouxe situação de concorrência entre foros (juízo do foro onde a prova deve ser produzida e juízo do foro de domicílio do réu).

Sendo regra de competência territorial, trata-se de competência relativa, e não absoluta, já que não há qualquer ressalva legal. Contudo, conforme anotam Didier Jr., Braga e Oliveira, o foro de domicílio do réu deve ser encarado como excepcional, já que, por questões de eficiência processual, mostra-se mais razoável a proposição da ação no foro onde a prova deve ser produzida[179]. Caso haja a necessidade de produzir prova em diferentes localidades, poderá o autor optar por qualquer delas.

Importante regra traz o §3º do artigo supracitado: a produção antecipada da prova não previne a competência do juízo para a ação que venha a ser proposta. Ou seja, a eventual ação posterior à prova antecipada seguirá as regras gerais de competência. Para Eduardo Talamini, a não vinculação da competência da futura e eventual ação principal é coerente com a autonomia conferida ao direito à prova no Novo Código[180]. Ademais,

---

[179] DIDIER JR., Fredie; BRAGA, Paula Sarno; OLIVEIRA, Rafael Alexandria de. *Curso de direito processual civil*: teoria da prova, direito probatório, ações probatórias, precedente, coisa julgada e antecipação dos efeitos da tutela. 10. ed. Salvador: Juspodivm, 2015. v. 2. p. 142.

[180] *Cf.* TALAMINI, Eduardo. Comentários ao artigo 381 do Novo Código de Processo Civil. *In:* CABRAL, Antonio do Passo; CRAMER, Ronaldo (coord.). *Comentários ao novo código de processo civil.* 2. ed. Rio de Janeiro: Forense, 2016. p. 592.

o §4º do mesmo dispositivo prevê que, para a produção antecipada de prova requerida em face da União, de entidade autárquica ou de empresa pública federal, a competência será do juiz estadual, desde que, na localidade, não haja vara federal.

4.2.3.3 Procedimento

4.2.3.3.1 Petição inicial

O Art. 382 do Novo CPC dispõe que o requerente da prova antecipada deve, em sua petição inicial, apresentar as razões que justificam a necessidade de antecipação da prova e mencionar com precisão os fatos sobre os quais a prova há de recair. Nas palavras de Humberto Theodoro Jr.: "É essencial que se demonstre a necessidade de se produzir antecipadamente certa prova, seja em razão do perigo de se tornar impossível ou muito difícil sua produção, seja para evitar futuro litígio ou para auxiliar na autocomposição"[181].

Como visto, a produção antecipada de prova pode ou não ter natureza cautelar, dependendo da hipótese. De qualquer maneira, a ação mantém sua autonomia, exigindo-se um processo autônomo para a produção probatória antecipada. Assim sendo, deve a petição inicial preencher os requisitos previstos no Art. 382 do Código e atender aos demais pressupostos de qualquer petição inicial.

Entretanto, devemos interpretar com cautela o dispositivo a fim de não esvaziarmos o objeto da antecipação probatória. Com efeito, o juiz deve verificar, apenas, o interesse de agir do autor, tanto pelo aspecto da necessidade quanto da adequação. Sobre o interesse de agir nas ações probatórias, discorre Leonardo Greco:

> O interesse de agir é muito tênue, mas existe. O requerente não está obrigado a afirmar ou a demonstrar a necessidade de produção da prova para dela extrair em seu benefício algum efeito jurídico imediato. No entanto, ninguém pode usar de um procedimento judicial para fins ilícitos ou para molestar injustamente a outrem. Por isso, o já citado artigo 382 exige que o requerente exponha a sua intenção em

---

[181] THEODORO JÚNIOR, Humberto. *Curso de direito processual civil* – Teoria geral do direito processual civil, processo de conhecimento e procedimento comum. 57. ed. Rio de Janeiro: Forense, 2016. v. 1. p. 935.

petição circunstanciada. Embora o requerente não tenha o ônus de demonstrar desde logo se a prova pretendida tem alguma finalidade prática ou jurídica, o interesse de agir corresponde à não manifesta ilicitude da prova constituenda e à hipotética possibilidade, ainda que remota, de que ela possa ter alguma utilidade lícita para o requerente. Ninguém tem o direito de imiscuir-se na vida privada alheia, sem demonstrar algum interesse próprio, ainda que meramente hipotético ou potencial, em documentar fatos da vida dessa pessoa. Não havendo indícios de ilicitude da prova ou do fim almejado pelo requerente com a sua produção, deve o juiz deferi-la, sendo suficiente para caracterizar o interesse de agir a especial segurança de que se revestirá a prova produzida em juízo[182].

Ao preceituar que o autor deve "mencionar com precisão os fatos sobre os quais a prova há de recair", o artigo em comento parece contrariar o disposto nos incisos II e III do Art. 381. Afinal, nem sempre o autor poderá indicar os fatos com a precisão exigida pelo *caput* do Art. 382, haja vista que uma das utilidades da prova antecipada é, justamente, o esclarecimento fático indispensável à realização da autocomposição ou de outro meio adequado de solução de conflito (Art. 381, II) ou à propositura de uma ação (Art. 381, III). Nesses casos, como assevera Daniel Amorim Assumpção Neves, "nem sempre haverá precisão a respeito dos fatos que deverão ser objeto das provas produzidas antecipadamente", bastando "a indicação da situação fática que se busca esclarecer com a produção probatória"[183].

4.2.3.3.2 Citação dos interessados

O §1º do Art. 382 do NCPC estabelece que "o juiz determinará, de ofício ou a requerimento da parte, a citação de interessados na produção da prova ou no fato a ser provado, salvo se inexistente caráter contencioso".

---

[182] GRECO, Leonardo. *Instituições de processo civil* – Processo de conhecimento, volume II. 3. ed. Rio de Janeiro: Forense, 2015.

[183] NEVES, Daniel Amorim Assumpção. *Manual de direito processual civil.* 8. ed. Salvador: Editora JusPodivm, 2016. p. 790.

Os interessados na produção da prova antecipada devem ser citados para acompanhá-la, sendo a citação "condição de eficácia da prova perante aqueles contra quem se pretende que a prova seja utilizada"[184].

Ao autor cabe a indicação de quem deve compor o polo passivo da ação probatória. A legitimidade passiva deve ser figurada por quem participar de alguma relação jurídica, com o requerente da prova, e que poderá ter contra ele oposta, em eventual processo principal, a prova produzida antecipadamente[185].

4.2.3.3.3 Despacho inicial

Ao receber a peça inicial, o juiz fará a análise de admissibilidade do pedido. Como visto anteriormente, o juiz deve verificar, apenas, o interesse de agir do autor, tanto pelo aspecto da necessidade quanto da adequação. Estando em conformidade a petição, o magistrado determinará a citação dos interessados.

Na doutrina de Fredie Didier Jr., Rafael Alexandria de Oliveira e Paula Sarno Braga, após a manifestação dos interessados e mantido o juízo de admissibilidade, o magistrado deverá: designar audiência de instrução e julgamento, fixando prazo para apresentação de rol de testemunhas

---

[184] DIDIER JR., Fredie; BRAGA, Paula Sarno; OLIVEIRA, Rafael Alexandria de. *Curso de direito processual civil*: teoria da prova, direito probatório, ações probatórias, precedente, coisa julgada e antecipação dos efeitos da tutela. 10. ed. Salvador: Juspodivm, 2015. v. 2. p. 144. Os autores apontam que, na justificação que diga respeito a fatos exclusivos da pessoa do requerente (justificação unilateral), não há citação, pois o único interessado é o próprio autor da ação. Entretanto, ponderam que, mesmo nesse caso, deve ser avaliada a conveniência de uma citação por edital de eventuais interessados incertos, para fins de precaução (*Cf*. DIDIER JR., Fredie; BRAGA, Paula Sarno; OLIVEIRA, Rafael Alexandria de. *Curso de direito processual civil*: teoria da prova, direito probatório, ações probatórias, precedente, coisa julgada e antecipação dos efeitos da tutela. 10. ed. Salvador: Juspodivm, 2015. v. 2. p. 144).

[185] Daniel Amorim Assumpção Neves faz importante observação quanto à citação no procedimento em estudo. Para o processualista, "a previsão de que 'os interessados' serão citados, e não intimados, deixa claro que esses interessados serão integrados coercitivamente à relação jurídica processual. E citação é ato de integração do réu ao processo, de forma que a interpretação mais racional é no sentido de que os chamados interessados pelo dispositivo legal na realidade serão integrados como réus no processo. No entanto, se for adotada a premissa conforme sugerido, haverá um problema no dispositivo legal, considerando que os chamados interessados poderão ser citados de ofício pelo juiz. Significa que o juiz poderá incluir réus no processo independentemente da vontade do autor. Não vejo como o princípio dispositivo possa ser superado na determinação dos sujeitos parciais da relação jurídica processual [...]. Parece que esse poder do juiz será no máximo de intimação de terceiro que, mesmo sem ser réu no processo, ao ser informado da produção antecipada da prova, estará sujeita a ela. Ou intimar o autor para emendar a petição inicial e incluir o terceiro como réu sob pena de indeferimento da petição inicial e extinção do processo sob o fundamento de que sem a presença daquele sujeito a prova a ser produzida não terá eficácia vinculante ou a terá de forma muito restrita" (NEVES, Daniel Amorim Assumpção. *Manual de direito processual civil*. 8. ed. Salvador: Editora JusPodivm, 2016. p. 791).

(se não constar na petição inicial), caso a prova a se produzir seja dessa natureza; nomear perito, se a prova for pericial, formular quesitos, fixar honorários e o prazo para a entrega do laudo, determinando, outrossim, que as partes indiquem assistente e formulem seus quesitos; designar dia e hora para realização de inspeção judicial, se for essa a prova pleiteada[186].

Devemos anotar a lição de Humberto Theodoro Júnior entendendo que, em casos urgentes, pode-se deferir a produção antecipada da prova em medida *inaudita altera parte*, na forma do Art. 300, § 2º, do NCPC[187]. Para Eduardo Talamini, citado o requerido o e risco de perecimento da prova não tiver se concretizado, "caberá repeti-la ou completá-la já agora com sua participação. Se ficar evidenciado que o pedido de produção antecipada *inaudita altera parte* foi abusivo, o juiz pode até não homologar a prova assim produzida"[188].

4.2.3.3.4 Defesa e recursos

Uma das maiores polêmicas trazidas pelo Código de 2015 diz respeito à efetividade do direito de defesa e de recurso no procedimento da antecipação probatória. Efetivamente, o §4º do Art. 382 processual assevera que não se admitirá defesa ou recurso no procedimento, salvo contra decisão que indeferir totalmente a produção da prova pleiteada pelo requerente originário.

Considerando-se que a interpretação literal do dispositivo poderia conduzir a enormes prejuízos à defesa no trâmite da produção antecipada de provas, referido tema será abordado entre o tópico "Obstáculos jurídicos e sociais à aplicação do instituto", estudado ao final da obra.

4.2.3.3.5 Iniciativa probatória do requerido

O NCPC permite que os interessados possam requerer a produção de qualquer prova no mesmo procedimento, desde que relacionada ao

---

[186] DIDIER JR., Fredie; BRAGA, Paula Sarno; OLIVEIRA, Rafael Alexandria de. *Curso de direito processual civil*: teoria da prova, direito probatório, ações probatórias, precedente, coisa julgada e antecipação dos efeitos da tutela. 10. ed. Salvador: Juspodivm, 2015. v. 2. p. 145.

[187] *Cf.* THEODORO JÚNIOR, Humberto. *Curso de Direito Processual Civil* – Teoria geral do direito processual civil, processo de conhecimento e procedimento comum – vol. I. 56. ed. Rio de Janeiro: Forense, 2015. p. 956.

[188] · TALAMINI, Eduardo. Comentários ao artigo 381 do Novo Código de Processo Civil. *In*: CABRAL, Antonio do Passo; CRAMER, Ronaldo (coord.). *Comentários ao novo código de processo civil*. 2. ed. Rio de Janeiro: Forense, 2016. p. 594.

mesmo fato e que a produção conjunta não acarrete excessiva demora. (Art. 382, §3º). Para Didier Jr., Oliveira e Braga, amplia-se o mérito do processo, "com a formulação de demanda de produção antecipada de provas pelo requerido, sem necessidade de instauração de novo processo"[189]. Para os autores, devido à restrição cognitiva (já que a prova pretendida pelo requerido deve se restringir ao mesmo fato), o NCPC previu uma espécie de *pedido contraposto*[190]: "demanda formulada pelo réu, no mesmo processo em que está sendo demandado, restrita aos fatos discutidos na causa"[191]. Na lição dos autores:

> Trata-se, como se vê, de regra de simples compreensão e aplicação: se um dos sujeitos parciais do processo possui interesse na produção de outro meio de prova sobre o mesmo fato, é bem razoável permitir que essa prova seja produzida no mesmo processo. Há evidente conexão probatória, a justificar a reunião das demandas e processo simultâneo[192].

Em suma, o réu pode aproveitar o procedimento instaurado para também requerer a produção antecipada de provas. As únicas limitações impostas pela legislação são: necessidade de que a prova verse sobre o mesmo fato que é objeto da prova pleiteada pelo autor; e que a produção conjunta não implique em demora excessiva. Nesse segundo caso, o réu deverá ajuizar ação própria de antecipação probatória. Cabe ao réu,

---

[189] DIDIER JR., Fredie; BRAGA, Paula Sarno; OLIVEIRA, Rafael Alexandria de. *Curso de direito processual civil*: teoria da prova, direito probatório, ações probatórias, precedente, coisa julgada e antecipação dos efeitos da tutela. 10. ed. Salvador: Juspodivm, 2015. v. 2. p. 146.

[190] Os autores conferem tal nomenclatura à prova antecipada pleiteada pelo requerido, pois, ao contrário da reconvenção, que exige tênue vínculo entre as causas (o Art. 343 do NCPC determina apenas que haja conexão da reconvenção com a ação principal ou com o fundamento da defesa), "o pedido contraposto tem por requisito essencial que o pedido do demandado esteja fundado nos mesmos fatos que embasam o pedido originário" (CHIMENTI, Ricardo Cunha. *Teoria e prática dos juizados especiais cíveis estaduais e federais*. 13. ed. São Paulo: Saraiva, 2012. p. 156). Daniel Amorim Assumpção Neves, contudo, vislumbra a possibilidade de reconvenção na produção antecipada de provas. Para o professor, "Ainda que extremamente criticável, o Art. 382, § 4.º, do Novo CPC, traz uma previsão que pode corroborar o cabimento do pedido reconvencional, conforme defendido. Segundo o dispositivo legal, a única decisão recorrível é a que indefere a produção da prova pleiteada pelo requerente originário. A expressão 'originário' leva a crer que outros sujeitos, além do autor, podem fazer pedido para a produção da prova, numa espécie de reconvenção probatória. E naturalmente nesse caso será violação insuportável ao princípio do contraditório e ao da isonomia inadmitir recurso do réu na hipótese de indeferimento de seu pedido" (NEVES, Daniel Amorim Assumpção. *Manual de direito processual civil*. 8. ed. Salvador: Editora JusPodivm, 2016. p. 793).

[191] Cf. DIDIER JR., Fredie; BRAGA, Paula Sarno; OLIVEIRA, Rafael Alexandria de. *Curso de direito processual civil*: teoria da prova, direito probatório, ações probatórias, precedente, coisa julgada e antecipação dos efeitos da tutela. 10. ed. Salvador: Juspodivm, 2015. v. 2. p. 146.

[192] *Ibid.*, p. 147.

obviamente, tanto quanto se impõe ao autor, justificar a necessidade de se antecipar a produção da prova.

4.2.3.3.6 Sentença, entrega dos autos e observações finais

Nos termos do Art. 382, §2º, o juiz não se pronunciará sobre a ocorrência ou a inocorrência do fato, nem sobre as respectivas consequências jurídicas. Ou seja, colhida a prova, "o juiz proferirá uma sentença meramente formal, limitando-se a declarar que a prova foi colhida, mas sem emitir sobre seu conteúdo qualquer pronunciamento"[193]. A sentença que encerra o procedimento (que seguiu seu trâmite normal) declarará a regularidade da prova produzida. Ou seja, há a pré-constituição de uma prova para eventual uso subsequente, seja para ajuizamento de ação declaratória de direitos, seja para fins de autocomposição etc.

O magistrado não valora a prova, nem mesmo analisará o direito material que a contorna. A valoração apenas ocorrerá, por via jurisdicional, se a parte vier a promover outra ação, cujo suporte fático será provado com o acervo probatório produzido antecipadamente.

De acordo com a lei processual, publicada a sentença, os autos permanecerão em cartório durante um mês para extração de cópias e certidões pelos interessados. Findo o prazo, os autos serão entregues ao promovente da medida (Art. 383 e parágrafo único).

Se o requerido resiste à antecipação da prova, sustentando seu descabimento, e é derrotado, deve responder pelas verbas de sucumbência. Se for vitorioso, cabe ao autor responder pela sucumbência. As despesas da produção probatória, por sua vez, devem ser arcadas por quem requer a prova (Art. 82 do CPC). A parte que arcar com as despesas da produção probatória antecipada pode ser delas ressarcida se depois for vitoriosa no processo relativo à pretensão principal (Art. 82, § 2º)[194].

Finalmente, conforme leciona Eduardo Talamini, não se forma coisa julgada quanto ao mérito da pretensão principal, já que ela não é analisada no procedimento. Ademais, a própria regularidade da prova, atestada na sentença, pode ser questionada em futuro e potencial processo

---

[193] CÂMARA, Alexandre Freitas. *O novo processo civil brasileiro*. São Paulo: Atlas, 2015. p. 239.

[194] Código de Processo Civil de 2015: Art. 82. Salvo as disposições concernentes à gratuidade da justiça, incumbe às partes prover as despesas dos atos que realizarem ou requererem no processo, antecipando-lhes o pagamento, desde o início até a sentença final ou, na execução, até a plena satisfação do direito reconhecido no título. [...] § 2º A sentença condenará o vencido a pagar ao vencedor as despesas que antecipou.

em que aquela venha a ser usada. Outrossim, quem obteve a antecipação probatória não pode repetir a medida, por falta de interesse processual, senão para outro objeto ou para o desenvolvimento de outros meios de prova. Se a medida, entretanto, foi indeferida, nada impede a propositura de nova demanda, dada a sumariedade da cognição que ampara a decisão denegatória[195].

---

[195] *Cf.* TALAMINI, Eduardo. Comentários ao artigo 381 do Novo Código de Processo Civil. *In*: CABRAL, Antonio do Passo; CRAMER, Ronaldo (coord.). *Comentários ao novo código de processo civil*. 2. ed. Rio de Janeiro: Forense, 2016. p. 597.

5

A ANTECIPAÇÃO DA PROVA COMO INSTRUMENTO DE VIABILIZAÇÃO DOS MEIOS ALTERNATIVOS DE SOLUÇÃO DE CONFLITOS

5.1 OS MEIOS DE SOLUÇÃO DE CONFLITOS

5.1.1 Meios alternativos e meios adequados de solução de conflitos: Terminologia

Uma primeira observação a ser feita, antes de adentrarmos no estudo das espécies de soluções de controvérsias, diz respeito à nomenclatura utilizada pelo Código de Processo Civil quanto aos meios de solução de conflitos.

O Art. 381, II, do CPC/2015, dispositivo objeto do presente estudo, prescreve, como já se teve a oportunidade de observar, que a produção antecipada da prova será admitida nos casos em que a prova a ser produzida seja suscetível de viabilizar a autocomposição ou outro *meio adequado* de solução de conflito. A utilização do termo *meio adequado*, pela novel legislação, parece se contrapor à tradicional denominação *meio alternativo*, correspondente àquelas espécies de resolução de dissídios heterocompositivas.

A adequação/alternatividade do meio de solução pode ser encarada de duas maneiras. Pela primeira, entende-se alternativo todo meio de solução que não seja o estatal. Já pela segunda, como explica Carlos Alberto Carmona:

> A terminologia tradicional, que se reporta a "meios alternativos" parece estar sob ataque, na medida em que uma visão mais moderna do tema aponta meios adequados (ou mais adequados) de solução de litígios, não necessariamente alternativos. Em boa logica (e tendo em conta o grau de civilidade que a maior parte das sociedades atingiu neste

terceiro milênio), é razoável pensar que as controvérsias tendam a ser resolvidas, num primeiro momento, diretamente pelas partes interessadas (negociação, mediação, conciliação); em caso de fracasso deste diálogo primário (método autocompositivo), recorrerão os conflitantes às fórmulas heterocompositivas (processo estatal, processo arbitral). Sob este enfoque, os métodos verdadeiramente alternativos de solução de controvérsias seriam os heterocompositivo (o processo, seja estatal, seja arbitral), não os autocompositivos (negociação, mediação, conciliação)[196].

Apesar de plausível a argumentação, devemos apontar, nesse primeiro instante, que o Novo CPC ampliou o conceito de *modelo multiportas de dimensionamento de conflitos*, entendido como o conjunto de opções que possuem as partes de buscar solucionar sua controvérsia por métodos diversos, envolvendo meios heterocompositivos e autocompositivos, com ou sem participação do Estado. O meio adequado para a resolução de um conflito pode, portanto, ser de qualquer natureza, sendo este o panorama do modelo multiportas. O interessado poderá ter acesso a diferentes formas de solução de conflitos, cabendo a ele definir, nos termos da lei e instruído por profissional capacitado, o método que de melhor maneira atingirá a solução do confronto.

Como o presente livro se aterá aos meios alternativos de resolução de conflitos, excluir-se-á de apreciação conjugada com o objetivo final da obra, a utilização da prova produzida antecipadamente em âmbito jurisdicional.

De qualquer forma, entendemos que a manutenção da nomenclatura tradicional impede eventuais confusões e transtornos que poderiam ensejar o exclusivo emprego do termo moderno, haja vista que sua consolidação como expressão unânime da negociação, mediação e conciliação ainda está longe de ser apurada. A título de ilustração, percebemos que, apesar de o CPC de 2015 se utilizar da fórmula supratranscrita, seu anteprojeto, em momento algum, empregou a mesma expressão, referindo-se à autocomposição como *meio alternativo*[197].

---

[196] CARMONA, Carlos Alberto. *Arbitragem e processo*: um comentário à Lei no 9.307/96. 3. ed. São Paulo: Atlas, 2009. p. 31-32.

[197] Não há qualquer passagem, no Anteprojeto do NCPC, com a terminologia *meios adequados*. Por sua vez, a nomenclatura *meios alternativos* é utilizada em diversos momentos, dentre os quais: "1ª Audiência Pública – Belo Horizonte [...]. Os principais aspectos abordados pelos oradores foram os seguintes: [...] Previsão de métodos alternativos de solução de conflitos"; "5ª Audiência Pública – São Paulo [...] Os principais aspectos abordados pelos oradores foram os seguintes: [...] Emprego de meios alternativos de solução de controvérsias: uma boa

Em segundo lugar, por mais que a solução autocompositiva seja a mais adequada para a pacificação social, a realidade prática demonstra que tal meio é excepcional, visto que reina, em nosso país, uma cultura pró-litígio judicial. Sendo excepcional, a alternatividade é uma de suas características, pelo menos enquanto viger referida cultura adjudicada da solução dos conflitos.

Outrossim, ao vincularmos a adequação de um meio de solução de conflitos a determinadas espécies compositivas, em sentido contrário, poderíamos estar admitindo a inadequação dos outros meios existentes. Embora a adequação e a alternatividade estejam cunhadas no aspecto socioantropológico do meio pelo qual se resolve o confronto, não podemos, simplesmente, julgar que a solução heterocompositiva seja inadequada. Afinal, no que diz respeito a essa última, a adequação ou não se contemplará na justiça do seu teor e na obediência ao ordenamento jurídico.

Dessa maneira, expostos os motivos anteriormente, esta obra prefere adotar ambas as terminologias, sem que, com isso, seu sentido fique comprometido e seu objetivo deturpado.

5.1.2 Autotutela

Na autotutela, também chamada de autodefesa, a resolução do conflito se dá pela imposição da força individual do sujeito que age para conseguir posição de vantagem em relação à situação almejada.

Como ensina Fernanda Tartuce, a autotutela foi a primeira resposta encontrada pelos indivíduos para resolver suas controvérsias. Seu caráter precário e aleatório implicava em constantes injustiças, pois vigia a supremacia do mais forte, esperto ou ousado sobre o mais fraco ou tímido[198].

A autotutela, no ordenamento jurídico brasileiro, em regra, ao ser praticada pelo indivíduo em conflito, configura o crime previsto no Art. 345 do Código Penal ("exercício arbitrário das próprias razões"). Contudo, há situações em que a autodefesa não caracteriza o fato típico citado, havendo excludentes de ilicitude tanto em âmbito criminal como cível.

---

lei processual não resolve problemas sociológicos. Apesar do ensinado nas academias, a sentença não pacifica; já os meios que contam com a participação dos envolvidos, como conciliação e mediação, são mais efetivos para alcançar este fim" (BRASIL. *Código de Processo Civil: anteprojeto*. Comissão de Juristas Responsável pela Elaboração de Anteprojeto de Código de Processo Civil. Brasília: Senado Federal, Presidência, 2010. p. 309, 347).

[198] TARTUCE, Fernanda. *Mediação nos conflitos civis*. 2. ed. Rio de Janeiro: Forense, 2015.

Na seara cível, podemos apontar o disposto no Art. 188, I, do Código Civil, que preceitua não constituírem atos ilícitos aqueles praticados em legítima defesa[199] ou no exercício regular de um direito reconhecido[200]. Outro exemplo se encontra no § 1º do Art. 1.210, do mesmo Código, preconizando que "o possuidor turbado, ou esbulhado, poderá manter-se ou restituir-se por sua própria força, contanto que o faça logo; os atos de defesa, ou de desforço, não podem ir além do indispensável à manutenção, ou restituição da posse". Igualmente, o parágrafo único do Art. 249 do CC, no que tange às obrigações de fazer, prevê que, "em caso de urgência, pode o credor, independentemente de autorização judicial, executar ou mandar executar o fato, sendo depois ressarcido". Finalmente, sem querer exaurir o conteúdo da autotutela no plano civilista, temos o direito de retenção qualificado em diversos dispositivos do Código, constituindo meio direto de defesa para que o titular da relação jurídica possa se opor à restituição de um bem até receber a contraprestação que lhe é devida[201].

5.1.3 A heterocomposição

Na heterocomposição, a solução de conflitos decorre da imposição de uma decisão por um terceiro, à qual as partes se vinculam. O poder de decisão, ao contrário do que se vê na autocomposição, é transferido

---

[199] O Código Penal define a conduta em legítima defesa em seu Art. 25, cuja prescrição se aplica à esfera cível, *in verbis*: "Entende-se em legítima defesa quem, usando moderadamente dos meios necessários, repele injusta agressão, atual ou iminente, a direito seu ou de outrem".

[200] O dever de indenizar a vítima pela conduta em autotutela se mantém, se a pessoa lesada não for culpada pelo perigo que ensejou a postura defensiva (Art. 929 do Código Civil).

[201] Cite-se como exemplos no Código Civil: "Art. 571. Havendo prazo estipulado à duração do contrato, antes do vencimento não poderá o locador reaver a coisa alugada, senão ressarcindo ao locatário as perdas e danos resultantes, nem o locatário devolvê-la ao locador, senão pagando, proporcionalmente, a multa prevista no contrato. Parágrafo único. O locatário gozará do direito de retenção, enquanto não for ressarcido"; "Art. 578. Salvo disposição em contrário, o locatário goza do direito de retenção, no caso de benfeitorias necessárias, ou no de benfeitorias úteis, se estas houverem sido feitas com expresso consentimento do locador"; "Art. 681. O mandatário tem sobre a coisa de que tenha a posse em virtude do mandato, direito de retenção, até se reembolsar do que no desempenho do encargo despendeu"; "Art. 708. Para reembolso das despesas feitas, bem como para recebimento das comissões devidas, tem o comissário direito de retenção sobre os bens e valores em seu poder em virtude da comissão"; "Art. 742. O transportador, uma vez executado o transporte, tem direito de retenção sobre a bagagem de passageiro e outros objetos pessoais deste, para garantir-se do pagamento do valor da passagem que não tiver sido feito no início ou durante o percurso"; "Art. 1.219. O possuidor de boa-fé tem direito à indenização das benfeitorias necessárias e úteis, bem como, quanto às voluptuárias, se não lhe forem pagas, a levantá-las, quando o puder sem detrimento da coisa, e poderá exercer o direito de retenção pelo valor das benfeitorias necessárias e úteis"; "Art. 1.433. O credor pignoratício tem direito: II - à retenção dela [da coisa empenhada], até que o indenizem das despesas devidamente justificadas, que tiver feito, não sendo ocasionadas por culpa sua" etc.

das partes para um terceiro, geralmente por via institucionalizada. Os principais exemplos de métodos heterocompositivos são a arbitragem e o processo judicial[202].

5.1.3.1 Arbitragem

A arbitragem é um meio de heterocomposição através da qual uma ou mais pessoas intervêm numa controvérsia, relativa a direitos patrimoniais disponíveis, a partir de uma convenção privada, que estipula os poderes do árbitro, sendo a decisão destinada a assumir a eficácia de sentença judicial.

No começo do presente capítulo, ao discorrermos sobre a questão terminológica dos meios alternativos e meios adequados de solução de controvérsias, apontamos que uma das formas de se distinguir uns dos outros era verificando se a resolução do conflito se dava de maneira adjudicada ou não. Nesse sentido, a arbitragem poderia ser considerada um meio alternativo de resolução de conflitos, como realça Carlos Alberto Carmona, já que não tem natureza estatal[203]. Nas palavras do jurista:

> Trata-se de mecanismo privado de solução de litígios, por meio do qual um terceiro, escolhido pelos litigantes, impõe sua decisão, que deverá ser cumprida pelas partes. Esta característica impositiva da solução arbitral (meio heterocompositivo de solução de controvérsias) a distancia da mediação e da conciliação, que são meios autocompositivos de solução de litígios, de sorte que não existirá decisão a ser imposta às partes pelo mediador ou pelo conciliador, que sempre estarão limitados à mera sugestão (que não vincula as partes).

> Diz-se que a arbitragem é meio alternativo de solução de controvérsias tomando-se como referência o processo estatal – meio heterocompositivo por certo mais empregado para dirimir conflitos[204].

---

[202] LUCHIARI, Valeria Ferioli Lagrasta. *Mediação Judicial*: análise da realidade brasileira: origem e evolução até a Resolução n. 125, do Conselho Nacional de Justiça. Rio de Janeiro: Forense, 2012. p. 11.

[203] CARMONA, Carlos Alberto. *Arbitragem e processo*: um comentário à Lei n.º 9.307/96. 3. ed. São Paulo: Atlas, 2009. p. 31.

[204] CARMONA, Carlos Alberto. *Arbitragem e processo*: um comentário à Lei n.º 9.307/96. 3. ed. São Paulo: Atlas, 2009. p. 31-32.

Sob o outro enfoque estudado, a solução via arbitral seria, na verdade, alternativo por ter caráter heterocompositivo. Efetivamente, por não serem as partes (individualmente ou com auxílio de um conciliador ou mediador), mas um árbitro, escolhido pelas mesmas, a determinar a resposta ao confronto, a arbitragem não seria propriamente um método adequado.

Como já expusemos, este estudo entende que o *meio adequado*, segundo o sistema processual brasileiro multiportas, é aquele que melhor convém às partes e à natureza do conflito. O processo arbitral se inclui entre uma das hipóteses passíveis de adesão pelas partes no sistema processual, condição que o qualifica como *adequado*, visto que tal caracterização tem fulcro no aspecto volitivo dos sujeitos em conflito, que decidem por dito método resolutivo por entenderem ser ele o melhor para o caso. Dessa forma, a arbitragem seria, de fato, um meio alternativo/adequado de solução de conflitos, não sendo excluída a possibilidade de utilização da prova produzida antecipadamente no processo arbitral, portanto.

Voltando à arbitragem, propriamente dita, temos que a decisão sobre o dissídio será proferida por uma pessoa de confiança das partes, mas equidistante das mesmas: o árbitro. Este, apesar de não ter poder estatal, "é juiz de fato e de direito, e a sentença que proferir não fica sujeita a recurso ou a homologação pelo Poder Judiciário", conforme preconiza o Art. 18 da Lei n.º 9.307/1996. Outrossim, a decisão arbitral "produz, entre as partes e seus sucessores, os mesmos efeitos da sentença proferida pelos órgãos do Poder Judiciário e, sendo condenatória, constitui título executivo" (Art. 31 da Lei n.º 9.307/1996).

5.1.3.2 A jurisdição estatal

A jurisdição estatal é meio de solução de conflitos, por via heterocompositiva, na qual o Estado-juiz se coloca como substituto das partes em litígio e diz a norma aplicável ao confronto, com poder imperativo de impor seu comando.

Diante da proibição da autotutela, em regra, no Estado de Direito, este deve fornecer aos jurisdicionados instâncias competentes para promover a solução dos conflitos surgidos pelo descumprimento de uma norma de seu ordenamento jurídico. Tais instâncias competentes caracterizam a jurisdição, meio pelo qual o Estado, como a nomenclatura sugere, *diz o direito.*

Para Tartuce: "a partir do momento em que houve a organização política dos povos o Estado, buscando eliminar a vingança privada, reservou-se o poder e o dever de tutelar os direitos, com o intuito, por tal controle exclusivo, de obter a harmonia e a paz sociais"[205].

No Brasil, o compromisso do Estado em prestar tutela jurisdicional vem estatuído no Art. 5º, XXXV, da Constituição Federal, pelo qual não se excluirá, do Judiciário, a apreciação de lesão ou ameaça de lesão a direito.

A jurisdição, normalmente, é conceituada em seu aspecto tríplice: poder, função e atividade. Como poder, a jurisdição revela a capacidade de o Estado decidir, de forma imperativa, sobre as lides que levadas à sua apreciação, impondo tal decisão. Como função, a jurisdição expressa o dever de pacificar com justiça, por via do processo, os conflitos que surgem no meio social. Finalmente, como atividade, a jurisdição constitui o complexo de atos do juiz no processo.

Como já se disse, o livro se ocupará da utilização da prova antecipada nos meios alternativos de solução de conflitos. Contudo, o preceito legal deixa claro que a prova produzida antecipadamente pode ser utilizada em qualquer meio adequado de solução de controvérsias. Sendo a via jurisdicional um meio adequado "para dar significado aos valores públicos e reformar as condições estruturais da vida social"[206], não fica ela excluída do estipulado no Art. 381, II, do NCPC.

---

[205] TARTUCE, Fernanda. *Mediação nos conflitos civis*. 2. ed. Rio de Janeiro: Forense: 2015. p. 61.
[206] *Ibid.*, p. 61.

5.1.4 A autocomposição

5.1.4.1 Conceito de autocomposição e disponibilidade dos direitos

A autocomposição é a forma de solução de controvérsia em que o resultado é encontrado pelas próprias partes, e não imposto por um terceiro, como ocorre na heterocomposição.

No nosso sistema jurídico, a autocomposição deve versar apenas sobre direitos que admitam transação, ou seja, que possam ser objeto de disposição pelo seu titular. Normalmente, dita disposição advém do caráter patrimonial do direito envolvido. Entretanto, mesmo direitos indisponíveis podem apresentar aspectos negociáveis, comportando, portanto, autocomposição dentro desses limites.

Na lição de Fernanda Tartuce, "conceitua-se o direito disponível como aquele que pode ou não ser exercido por seu titular, não existindo norma cogente a impor o cumprimento do preceito sob pena de nulidade ou anulabilidade do ato praticado com sua infringência"[207].

A indisponibilidade dos direitos é um tema com enormes controvérsias doutrinárias, principalmente quanto à sua delimitação. Como dito acima, geralmente a disposição de um direito provém de seu caráter patrimonial. Mas há situações em que se torna possível a realização de autocomposição em relações de cunho indisponível. Para Tartuce, tais fatos se justificam devido aos diferentes graus de disponibilidade que possuem os direitos[208].

---

[207]   TARTUCE, Fernanda. *Mediação nos conflitos civis*. 2. ed. Rio de Janeiro: Forense, 2015. p. 28.

[208]   *Ibid.*, p. 28. A autora traz exemplos, para explicar seu raciocínio, afirmando que "mesmo quando o interesse é indisponível (por exemplo, o direito a alimentos), o efeito pecuniário da sentença condenatória pode, não obstante, ser objeto de transação entre as partes (o que, aliás, ocorre frequentemente). Também em ações de estado (como o divórcio) e nas causas relativas a interesses de incapazes (como a guarda de filhos) é possível que as partes se conscientizem sobre direitos e obrigações recíprocas e celebrem acordos válidos. Exemplo disso é que o pai pode reconhecer voluntariamente o vínculo de filiação em ato de autocomposição unilateral. Percebe-se, assim, que também no Direito de Família é possível conceber a autocomposição, seja ela unilateral por reconhecimento jurídico do pedido ou renúncia (em certos casos), seja bilateral pela realização de acordos. Tampouco se deve considerar que nas causas sobre interesse fazendário a autocomposição é vedada; exemplo disso é a desapropriação amigável comumente realizada pelo Poder Público. Inúmeros outros exemplos podem ser dados, sendo significativo que a Lei de Mediação (Lei n.º 13.140/2015) tenha dedicado um capítulo inteiro à autocomposição em conflitos em que for parte pessoa jurídica de Direito público, permitindo expressamente aos órgãos da Administração Pública a adoção da mediação" (TARTUCE, Fernanda. *Mediação nos conflitos civis*. 2. ed. Rio de Janeiro: Forense, 2015. p. 29).

A autocomposição pode se dar por ato unilateral, nos casos em que uma das partes pratica ato em sua seara de disponibilidade (como na renúncia e na desistência), ou bilateralmente, não dependendo de ato exclusivo de um dos conflitantes, contando com a participação dos envolvidos na situação controvertida (casos da negociação, da conciliação e da mediação). A seguir, trataremos de cada uma dessas formas de autocomposição.

5.1.4.2 Renúncia

A renúncia é tipo de autocomposição unilateral em que o renunciante abdica do direito material a que poderia fazer jus. No Novo CPC, a renúncia promovida em juízo é fundamento para prolação de sentença com resolução de mérito (Art. 487, III, c)[209]. A renúncia pode se dar, pelo autor, em relação ao pedido formulado na inicial ou, pelo réu, quanto ao pedido formulado na reconvenção. No processo, a renúncia não permite nova propositura da demanda e independe da anuência da parte contrária, podendo ser celebrada a qualquer tempo e grau de jurisdição, até o trânsito em julgado.

A renúncia pode ser exprimida fora do processo judicial também. Direitos materiais podem ser renunciados pela parte que os possui. São exemplos, extraídos do Código Civil, a remissão da dívida, desde que aceita pelo devedor (Art. 385); a extinção do penhor pela restituição voluntária do objeto empenhado ou pela remissão concedida pelo credor ou por ele autorizada (arts. 387 e 1.436, V); a perda da propriedade pela renúncia à mesma (Art. 1.275, II) entre outros.

A validade da renúncia fica condicionada ao preenchimento de dois requisitos: o direito abdicado deve ser renunciável e as partes envolvidas devem ser capazes para exercer o ato em estudo.

Relativamente ao objeto do presente estudo, pode-se dizer que a produção antecipada de provas pode trazer elementos suficientes para que uma das partes renuncie a um direito que detinha ou pensava deter. Com efeito, é plenamente possível de se vislumbrar, como nos exemplos acima, que a produção probatória antecipada revele uma situação jurídica na qual uma das partes não concebia anteriormente, levando-a a renunciar de seu direito, permitindo a autocomposição.

---

[209] Art. 487. Haverá resolução de mérito quando o juiz: III - homologar: c) a renúncia à pretensão formulada na ação ou na reconvenção.

5.1.4.3 Desistência

A desistência é outra forma autocompositiva de conflitos, podendo ser unilateral ou bilateral, dependendo do momento processual em que é efetivada. Por ela, o demandante desiste do processo e abdica de sua posição processual. A desistência da ação só produzirá efeitos após homologação judicial (Art. 200, parágrafo único, do CPC/2015). É uma das formas de extinção do processo sem resolução do mérito, nos termos do Art. 485, VIII, do CPC.

A desistência pode se operar antes da sentença ou a qualquer momento no processo. Contudo, nos termos do Art. 485, §4º, oferecida a contestação, o autor não poderá, sem o consentimento do réu, desistir da ação. Efetivamente, ao réu também interessa o deslinde da controvérsia para que seu mérito seja apreciado pelo juiz. Dessa forma, permite-se o encerramento do processo com o trânsito em julgado, inviabilizando a propositura de novas ações que poderiam ser ajuizadas se a desistência fosse anuída.

Como se percebe, a desistência é um instituto processual, sendo realizável apenas no curso de uma demanda judicial. Nesse diapasão, pode ela ser fomentada por uma prova que fora produzida de maneira antecipada pela parte contrária. Realmente, apesar de ser hipótese de difícil constatação na prática, é possível que o réu de uma ação, munido de acervo probatório produzido antecipadamente (visto que ele também pode pleitear, no mesmo procedimento, a produção de provas), leve o autor à desistência de sua demanda que, nesse caso, seria consentida pela parte contrária.

Afora essa situação, a produção antecipada de prova poderia levar o autor à desistência, por ser infundado o interesse da causa, em ajuizar ação futura para declaração do direito que já se viu sem fundamento. Nesse caso, não se estar a falar de desistência no sentido processual, propriamente dito, mas de ponderação sobre as reais chances em um processo, tendo como referências as provas produzidas antecipadamente, cujas informações permitem um maior esclarecimento à parte.

Para Filipe Guimarães, a produção antecipada de provas é um instrumento de prevenção de litígios justamente por permitir, às partes, este maior esclarecimento, na medida em que diminui o espaço para evasivas acerca da ocorrência de determinados fatos, desestimulando o litigante a enfrentar as despesas de um processo. Para o autor:

> A certificação dos fatos cumpre a função de apresentar um panorama completamente novo, um horizonte absolutamente desconhecido até então. E, diante do novo panorama, a deflagração de um processo judicial nem sempre se apresenta como a melhor alternativa. É porque, neste caso, os litigantes são levados a repensar suas reais chances, momento em que permite antever se os êxitos possíveis e/ou prováveis "pagam" os "custos" de um processo. Por essa razão, não raras às vezes, o autor pode se convencer de que mais vale desistir da demanda para não ser condenado ao pagamento dos ônus sucumbenciais, enquanto o réu pode ser levado a crer que sua defesa é infundada e um acordo se apresenta como alternativa mais vantajosa[210].

Portanto, a antecipação probatória poderia ensejar às partes, devido ao aporte de informações que dela advêm, a reflexão sobre suas chances em processo declaratório futuro, permitindo, inclusive, a desistência de seguir com uma pretensão que se revelou infundada, atuando o procedimento, neste caso, a prevenir a instauração de um dissídio também sem embasamento.

5.1.4.4 A negociação

A negociação é tipo de autocomposição bilateral, pois depende da participação de todos os envolvidos na situação controvertida. Por ela, as partes podem, sem a intervenção de um terceiro, alcançar uma solução para seu conflito. Fernanda Tartuce define a negociação como "a comunicação estabelecida diretamente pelos envolvidos, com avanços e retrocessos, em busca de um acordo; trata-se do mais fluido, básico e elementar meio de resolver controvérsias, e o menos custoso"[211].

Assinala Alfred Habib Sioufi Filho que fatores como a possibilidade de um longo e desgastante processo ou dispendiosa arbitragem e a incerteza dos resultados heterocompositivos, podem fazer com que as partes vislumbrem um interesse comum em resolver, por si mesmas, o conflito, nada impedindo que, na negociação, sejam buscadas oportunidades de ganho conjunto[212]. Sobre o tema, comenta o jurista:

---

[210] GUIMARÃES, Filipe. Medidas probatórias autônomas: panorama atual, experiência estrangeira e as novas possibilidades no direito brasileiro. *Revista de Processo*, v. 178/2009, p. 123-152, dez. 2009.

[211] TARTUCE, Fernanda. *Mediação nos conflitos civis*. 2. ed. Rio de Janeiro: Forense, 2015. p. 41.

[212] Cf. SIOUFI FILHO, Alfred Habib. Negociação para resolução de controvérsias. *In*: BRAGA NETO, Adolfo; SALLES, Carlos Alberto de; LORENCINI, Marco Antônio Garcia Lopes; SILVA, Paulo Eduardo Alves da (coord.).

> Ao negociar a resolução de uma controvérsia, a primeira coisa a fazer é identificar corretamente o problema. Para isso, antes de tudo, é fundamental conhecer muito bem a questão. Quando a parte é pessoa física e está negociando em nome próprio, é interessante fazer uma reflexão objetiva sobre o porquê da existência da disputa e quais os são seus objetivos. Se essa pessoa física puder conversar com outra pessoa de confiança, para ter uma referência objetiva sobre essas questões, melhor. Quando se tratar de pessoa jurídica, é importante fazer o mesmo exercício, mas não apenas de uma forma introspectiva, mas comunicando-se com os colaboradores dentro da organização que possam explicar a situação da entidade naquela disputa e quais os interesses em jogo. No mundo atual, a maior das negociações é conduzida por agentes e não diretamente pelas partes envolvidas. Em grande parte dos casos, esses agentes são advogados. É importante que o advogado entenda muito bem os interesses que estão por trás da posição de seu cliente: é com base nisso que o advogado pode prestar um serviço potencialmente muito melhor do que a vitória numa demanda judicial ou arbitral.
>
> Além de conhecer os próprios interesses, é importante conhecer os interesses do outro. [...] Para enxergar além, é importante conversar abertamente sobre o problema com a outra parte. Esse é um passo vital e que não deve ser pulado. Se os negociadores, com suas respectivas listas de demandas (que, em geral, não passam de posições) começam de imediato a apresentar suas exigências na negociação antes de tentar entender o outro lado, as oportunidades de criação de valor na negociação ficam bem reduzidas[213].

Nesse sentido, parece-nos que a negociação que possibilita criar opções de ganhos mútuos, cujo catalisador é o entendimento recíproco dos interesses adversos, é o método que resolve de forma mais adequada a controvérsia.

Aliando-se o exposto com o tema central da presente obra, pode-se dizer que a produção probatória antecipada também abre caminho para

---

Negociação, mediação e arbitragem – curso básico para programas de graduação em Direito. São Paulo: Método, 2012. p. 88.

[213] SIOUFI FILHO, Alfred Habib. Negociação para resolução de controvérsias. *In:* BRAGA NETO, Adolfo; SALLES, Carlos Alberto de; LORENCINI, Marco Antônio Garcia Lopes; SILVA, Paulo Eduardo Alves da (coord.). *Negociação, mediação e arbitragem* – curso básico para programas de graduação em Direito. São Paulo: Método, 2012. p. 90.

a negociação, de acordo com os resultados que produz. Efetivamente, se o acervo probatório produzido revelar a possibilidade de reivindicações por ambas as partes, sendo que, de tais pleitos um litígio em potencial se vislumbra, as partes terão espaço para negociar, tendo como referências as informações relevantes obtidas por via da prova antecipada.

Entretanto, como observa Célia Regina Zapparolli, na negociação, geralmente não há isenção de interesses pela condição envolvimento na disputa ou pelo interesse em sua solução por via de acordo. Como não se percebe dita isenção, nota-se que, durante a negociação, as partes tendem a pressionar para obtenção do acordo ou para alcançar vantagens neste, independentemente de futuras relações[214]. A pressão para obter acordo ou para tê-lo em condições vantajosas não é problema exclusivo desse tipo de meio alternativo de resolução de conflitos. Na sequência do livro, discutiremos sobre os aspectos negativos que a produção probatória antecipada pode acarretar, dentre os quais se inclui a coação, por parte de um dos interessados, para realização de acordo, principalmente diante de circunstâncias tais como a incompreensão, por um dos negociantes, de sua posição no procedimento; a disparidade entre os sujeitos em auto-composição; a deslealdade de um dos interessados, a neutralização de um direito em consequência de um acordo, entre outros.

5.1.4.5 Conciliação

Na conciliação, ao contrário do que ocorre na negociação, um terceiro, profissional imparcial, intervém para auxiliar os conflitantes na celebração de um acordo, através de atividades de escuta e investigação. Pode ele expor as vantagens e desvantagens das posições de cada uma das partes e propor saídas alternativas para o conflito; porém, não força a realização de um acordo.

Enquanto, na negociação, as partes resolvem diretamente a contenda, a conciliação é viabilizada por terceiro que auxilia as partes no alcance de uma posição mais favorável no conflito. Como se verá, essa também é uma das características da mediação.

---

[214] *Cf.* ZAPPAROLLI, Célia Regina. Procurando entender as partes nos meios de resolução pacífica de conflitos, prevenção e gestão de crises. *In*: BRAGA NETO, Adolfo; SALLES, Carlos Alberto de; LORENCINI, Marco Antônio Garcia Lopes; SILVA, Paulo Eduardo Alves da (coord.). *Negociação, mediação e arbitragem* – curso básico para programas de graduação em Direito. São Paulo: Método, 2012. p. 39.

A conciliação pode ser efetivada durante um processo judicial e em instituições privadas voltadas à solução de conflitos. Como esclarece Fernanda Tartuce, no Brasil, a conciliação se verifica, na maior parte das vezes, como um fenômeno judicial, em que as partes, conduzidas por um terceiro imparcial, obtêm um acordo que extingue o processo. O objeto possível da conciliação é a transação, contrato regulado pelo Código Civil e que pode ser firmado em juízo ou extrajudicialmente[215].

A conciliação tem vez, preferencialmente, nos casos em que não há vínculo anterior entre os conflitantes. Ou seja, ela se revela mais adequada para as controvérsias que não envolvem relação continuada entre as partes, que passaram a manter vínculo justamente em virtude do conflito instaurado, ou ainda para aquelas que possuem relações anteriores pontuais e não profundas.

Com relação à produção antecipada de provas, pode-se dizer que o produto do procedimento tem total aptidão de promover a conciliação entre as partes, seja ela judicial ou extrajudicial. Com efeito, a parte interessada na conciliação pode pleitear a produção probatória antecipadamente tendo como fundamento a possibilidade de realização desse método autocompositivo.

De porte da prova produzida judicialmente, o interessado pode, desde já, propor demanda em câmara privada de conciliação a fim de buscar a autocomposição da contenda. Outrossim, o Código de Processo Civil traz complexa regulação sobre os meios alternativos de solução de conflitos, especialmente a conciliação e a mediação. Nesse diapasão, o autor pode, ao demandar, nos termos do Art. 319, VII, indicar, em sua petição inicial, o requerimento de realização ou não da audiência de conciliação ou de mediação. A partir do momento em que o autor postula a realização da audiência, essa ocorrerá, mesmo que essa não seja a vontade do réu (o que não indica, obviamente, o sucesso da autocomposição).

---

[215] *Cf.* TARTUCE, Fernanda. *Mediação nos conflitos civis*. 2. ed. Rio de Janeiro: Forense, 2015. p. 47.

5.1.4.6 A mediação

A mediação, como a conciliação, é meio autocompositivo que se configura com a intervenção de um terceiro imparcial que auxilia as partes no alcance de uma posição mais favorável na situação controvertida.

A Lei n.º 13.140/2015, que cuida da mediação no ordenamento brasileiro, conceitua o procedimento como sendo "a atividade técnica exercida por terceiro imparcial sem poder decisório que, escolhido ou aceito pelas partes, as auxilia e estimula a identificar ou desenvolver soluções consensuais para a controvérsia" (Art. 1º, parágrafo único).

Diferentemente do conciliador, "o mediador não propõe soluções do conflito às partes, mas as conduz a descobrirem as suas causas de forma a possibilitar sua remoção e assim chegarem à solução do conflito"[216]. O mediador não induz as partes a um acordo, mas se esforça no auxílio do restabelecimento da comunicação entre os conflitantes para que gerem novas formas de se relacionar e de equacionar controvérsias; ou seja, o mediador provoca a reflexão nos indivíduos para que eles encontrem saídas para o conflito.

Do exposto, também se extrai outra diferença relativamente à conciliação: a mediação é dedicada, em especial, aos casos em que haja vínculo anterior entre os sujeitos em conflito. Efetivamente, o mediador atua nos casos em que as partes já mantinham alguma espécie de liame antes do surgimento da lide, o que caracteriza uma relação continuada e não apenas instantânea entre elas.

O mediador tem como missão aproximar as partes e fazer com que compreendam da melhor maneira possível as circunstâncias do conflito, aliviando pressões irracionais ou outros elementos emotivos que impedem a visualização realista do confronto. Dessa forma, os conflitantes estarão preparados para proceder a uma análise equilibrada da situação e elaborar um acordo em potencial[217].

Para Fernanda Tartuce, o sucesso de uma mediação se verifica quando esta promove, de forma eficiente, a facilitação do diálogo pelo mediador, habilitando as partes a retomar a comunicação de maneira adequada, passando a conduzir consensualmente suas relações, mesmo que não

---

[216] *Cf.* NEVES, Daniel Amorim Assumpção. *Manual de direito processual civil.* 8. ed. Salvador: Editora JusPodivm, 2016. p. 45.

[217] TARTUCE, Fernanda. *Mediação nos conflitos civis.* 2. ed. Rio de Janeiro: Forense, 2015. p. 53.

haja acordo imediato. "Uma vez resgatados a confiança e o senso de compromisso entre as partes, elas poderão elaborar respostas conjuntas negociadas e partir para uma nova fase em sua relação interpessoal"[218].

A prova produzida antecipadamente pode, como nas outras formas autocompositivas, servir de mecanismo para uma solução consensual via mediação. Como, na mediação, as partes envolvidas chegam por si sós à solução consensual, tendo o mediador a tarefa de induzi-las a tal ponto, o acervo probatório produzido antecipadamente é instrumento extremamente útil para que o mediador se municie na sua tarefa de condução reflexiva, principalmente se tal acervo é dotado de elementos informativos suficientes para tanto.

A mediação pode se dar em seara judicial ou extrajudicial, em câmara especializada. Em ambos os casos, como ocorre na conciliação, pode-se utilizar da prova produzida antecipadamente com o fito de atingir uma solução autocompositiva.

5.1.5 Os meios alternativos de solução de conflitos e sua abordagem no CPC de 2015

O Código de Processo Civil de 2015 privilegia, em diversas passagens, os meios alternativos de resolução de controvérsias como verdadeira "política pública"[219].

A título ilustrativo, verifica-se, no texto legal, mencionado prestígio em diversas passagens, tais como: a) a indicação, na petição inicial, da opção do autor da ação pela realização ou não de audiência de conciliação ou de mediação (Art. 319, VII), revelando-se, já nesse instante, que a regra, na nova sistemática processual, é a tentativa de solução consensual dos conflitos[220]; b) a existência de uma audiência de conciliação e mediação (descrita no Art. 334 do NCPC) que antecede a fase essencialmente litigiosa do processo; c) a insistência na resolução consensual, mesmo na audiência de instrução e julgamento (Capítulo XI), que prevê, em seu Art. 359, que "o juiz tentará conciliar as partes, independentemente do

---

[218] *Cf.* TARTUCE, Fernanda. *Mediação nos conflitos civis.* 2. ed. Rio de Janeiro: Forense, 2015. p. 53.

[219] DIDIER Jr., Fredie. *Curso de direito processual civil*: introdução ao direito processual civil, parte geral e processo de conhecimento. 17. ed. Salvador: Jus Podivm, 2015. p. 273.

[220] Nos comentários de Susana Henriques da Costa: "A solução adjudicada [...] é subsidiária e somente acontecerá se o mecanismo consensual não conseguir equacionar os interesses das partes" (COSTA, Susana Henriques da. Comentários aos artigos 318 a 332. *In*: Antônio do Passo Cabral; Ronaldo Cramer (org.). *Comentários ao novo Código de Processo Civil*. Rio de Janeiro: Forense, 2015. p. 503-530).

emprego anterior de outros métodos de solução consensual de conflitos"; d) a determinação para que, nas ações de família, todos os esforços sejam empreendidos para a solução consensual da controvérsia, devendo o juiz dispor do auxílio de profissionais de outras áreas de conhecimento para a mediação e conciliação (Art. 694); e) o apontamento da solução consensual como norma fundamental do processo civil (Art. 3º, §§2º e 3º), comprovando-se, enfaticamente, a vocação do Código à autocomposição, bem como sua concretização, com a dedicação de uma seção própria (Seção V) aos conciliadores e mediadores judiciais e a determinação de criação de centros judiciários de solução consensual de conflitos (Art. 165). No resumo de Fernando da Fonseca Gajardoni:

> O §§ 2.º e 3.º, do artigo 3.º, do CPC/2015, estabelecem, como norma fundamental do processo civil brasileiro, que o Estado promoverá, sempre que possível, a solução consensual dos conflitos, e que a conciliação, a mediação e outros métodos de solução consensual de conflitos, deverão ser estimulados por juízes, advogados, defensores públicos e membros do Ministério Público (inclusive no curso do processo judicial). Na mesma toada, o artigo 139, inciso V, do CPC/2015, coloca entre os deveres do juiz, na presidência do processo, o de tentar, a todo tempo, a conciliação e a mediação, preferencialmente, com auxílio de conciliadores e mediadores. Era necessário, assim, inserir, entre os auxiliares da justiça (artigo 149 do CPC/2015), a figura dos conciliadores e mediadores judiciais. Até porque doravante, pelo modelo de processo civil proposto pelo CPC/2015, terão eles papel fundamental na realização das audiências de conciliação/mediação do rito comum (artigo 334 e parágrafos do CPC/2015) e das ações de família (artigo 695 do CPC/2015).[221]

Consultando a Exposição de Motivos do Novo Código de Processo Civil, extrai-se que um dos objetivos da Comissão de Juristas Responsável pela Elaboração do Anteprojeto da lei processual foi "criar condições para que o juiz possa proferir decisão de forma mais rente à realidade fática subjacente à causa"[222], sendo que:

---

[221] GAJARDONI, Fernando da Fonseca. *Teoria geral do processo*: comentários ao CPC de 2015: parte geral. São Paulo: Forense, 2015. p. 533.

[222] BRASIL. *Código de Processo Civil*: anteprojeto. Comissão de Juristas Responsável pela Elaboração de Anteprojeto de Código de Processo Civil. Brasília: Senado Federal, Presidência, 2010. p. 14.

> Pretendeu-se converter o processo em instrumento incluído no contexto social em que produzirá efeito o seu resultado. Deu-se ênfase à possibilidade de as partes porem fim ao conflito pela via da mediação ou da conciliação. Entendeu-se que a satisfação efetiva das partes pode dar-se de modo mais intenso se a solução é por elas criada e não imposta pelo juiz.[223]

O CPC, dentre os meios de solução alternativos, deu ênfase à conciliação e à mediação, como se verificou acima. Dita ênfase percebe-se, ademais, na previsão do dever de criação, pelos tribunais, de centros judiciários de solução consensual de conflitos, que ficarão responsáveis pela realização de sessões e audiências de conciliação e mediação, bem como pelo desenvolvimento de programas destinados a auxiliar, orientar e estimular a autocomposição; na determinação de requisitos mínimos para a capacitação de mediadores e conciliadores[224], dentre os quais a aprovação em curso a ser realizado por entidade credenciada; no estabelecimento de princípios norteadores da mediação e da conciliação, quais sejam, independência, da imparcialidade, da autonomia da vontade, da confidencialidade, da oralidade, da informalidade e da decisão informada[225]; na exigência de cadastramento nacional e de tribunal de

---

[223] BRASIL. *Código de Processo Civil:* anteprojeto. Comissão de Juristas Responsável pela Elaboração de Anteprojeto de Código de Processo Civil. Brasília: Senado Federal, Presidência, 2010. p. 22.

[224] O Art. 11 da Lei 13.140/2015 cria um novo requisito não previsto no Novo Código de Processo Civil: graduação há pelo menos dois anos em curso de ensino superior de instituição reconhecida pelo Ministério da Educação.

225 Resumidamente: pelo princípio da independência, conciliadores e mediadores atuarão sem sofrerem pressão de qualquer natureza ou procedência. A independência permite, nos termos do Art. 1.º, V, do Anexo III da Resolução 125/2010 do CNJ, que mediadores e conciliadores deixem de redigir solução ilegal ou inexequível. Quanto ao princípio da imparcialidade, mediadores e conciliadores não podem atuar em favor de qualquer das partes e induzir um acordo que não atenda às finalidades do confronto. A imparcialidade impõe ao conciliador que apresente a solução mais adequada ao conflito, sem pretender conferir vantagem indevida a uma parte. O inciso IV do Art. 1.º do Anexo III da Resolução 125/2010 do CNJ prescreve, quanto ao princípio da imparcialidade, que os conciliadores e mediadores atuem sem favoritismo, preferência ou preconceito. Valores e conceitos subjetivos não podem interferir no resultado de seus trabalhos. Qualquer espécie de favor ou presente deve ser rejeitado. Outrossim, nos termos do Art. 5º, caput, da Lei 13.140/2015, aplicam-se ao mediador as mesmas hipóteses legais de impedimento e suspeição do juiz, o mesmo se podendo dizer do conciliador. O parágrafo único do mesmo artigo estatui que a pessoa designada para atuar como mediador tem o dever de revelar às partes, antes da aceitação da função, qualquer fato ou circunstância que possa suscitar dúvida justificada em relação à sua imparcialidade para mediar o conflito, oportunidade em que poderá ser recusado por qualquer delas.

Pelo princípio da autonomia da vontade, a solução obtida por meio autocompositivo somente pode ter sido atingida se os conflitantes tiveram liberdade para decidir naquele sentido.

Quanto ao princípio da confidencialidade, as informações produzidas no curso do procedimento não poderão ser utilizadas para fim diverso daquele previsto por expressa deliberação das partes. A confidencialidade abarca todos os atos e tudo o que foi dito em audiência ou sessão de conciliação/mediação. Contudo, em nome do

justiça ou de tribunal regional federal dos conciliadores, mediadores e das câmaras privadas de conciliação e mediação; na regra de remuneração aos mediadores e conciliadores judiciais; na prescrição de imparcialidades que podem ser alegadas contra mediadores e conciliadores etc.

5.2 PROVA ANTECIPADA E SUA INSTRUMENTALIZAÇÃO NA SOLUÇÃO ALTERNATIVA DE CONFLITOS

5.2.1 Inspiração no direito estrangeiro

A produção antecipada de provas para fins autocompositivos, bem como para justificar ou evitar o ajuizamento de ação, de acordo com Alexandre Freitas Câmara, são "figuras nitidamente inspiradas no instituto conhecido como *discovery* ou *disclosure*, dos ordenamentos jurídicos filiados à tradição jurídica do *common law*"[226].

Para Francisco de Mesquita Laux e Daniel Colnago Rodrigues, também nesse diapasão, a inspiração dos estudos e das iniciativas de caráter legislativo tendentes a institucionalizar, no Brasil, a antecipação da prova sem o requisito da urgência está nos sistemas inglês e norte-americano[227].

Nesse sentido, concordam e complementam Adriano Caldas e Marco Félix Jobim:

> A expressa previsão legislativa de antecipação da prova como estímulo à autocomposição ou à solução extrajudicial do conflito, ou ainda para autorizar ou evitar o ajuizamento de uma demanda, representa uma aproximação do sistema processual brasileiro ao sistema da *common law*.

---

princípio da autonomia da vontade, os conflitantes podem deliberar que o conteúdo dos atos produzidos no procedimento seja utilizado para qualquer finalidade.
Pelo princípio da oralidade, busca-se conferir celeridade ao procedimento, além de prestigiar a informalidade e a confidencialidade dos atos, já que será reduzido a termo o mínimo possível.
O princípio da informalidade, incentiva-se o conforto, o relaxamento e a descontração que são quase impossíveis perante um juízo, principalmente a quem não está acostumado com tais situações. Como a solução via conciliação/mediação depende essencialmente da vontade dos sujeitos em confronto, é preciso propiciar-lhes tranquilidade para que otimizem as chances de uma solução autocompositiva.
O princípio da decisão informada cria o dever para o conciliador/mediador de manter as partes informadas quanto aos seus direitos e ao contexto fático ao qual se inserem.
[226] CÂMARA, Alexandre Freitas. *O novo processo civil brasileiro*. São Paulo: Atlas, 2015. p. 237.
[227] LAUX, Francisco de Mesquita; RODRIGUES, Daniel Colnago. Antecipação da prova sem o requisito da urgência: primeiras reflexões à luz do novo CPC. *In:* DIDIER JR., Fredie; JOBIM, Marco Félix; FERREIRA, William Santos (org.). *Grandes temas do Novo CPC:* Direito probatório. 2. ed. Salvador: Juspodivm, 2016. v. 5, p. 575.

Tal conclusão decorre da constatação de que, nos países de tradição romano-germânica (*civil law*), a produção antecipada de prova costuma dar-se em caráter estritamente cautelar. Nestes países, a apuração da realidade fática costuma ser diferida para o âmbito do processo de acertamento de direitos. Por outro lado, nos países filiados à tradição da *common law*, costuma-se identificar duas fases de desenvolvimento de uma controvérsia jurídica, sendo a preliminar destinada à prática de atos instrutórios (*pre-trial*) e a seguinte a reservada ao acertamento de direitos propriamente dito (*trial*)[228].

A seguir, em breves palavras, sintetizar-se-ão os procedimentos anteriormente comentados, a fim de se demonstrar a clara inspiração a qual se parametrizou o Novo Código Processual brasileiro. Cumpre salientar, de antemão, que, apesar dessa referência no *common law*, o CPC/2015 não adotou o modelo bifásico que caracteriza aquele sistema[229], em que há uma fase pré-processual voltada ao compartilhamento, pelos conflitantes, dos elementos de prova. De qualquer maneira, o procedimento de antecipação probatória se tornou mais amplo e desvinculado da cautelaridade que o qualificava na sistemática do CPC/1973, permitindo-se a produção probatória para viabilizar uma tentativa de resolução alternativa de conflitos[230], circunstância que se observa de forma padronizada nos modelos inglês e estadunidense.

---

[228] CALDAS, Adriano; JOBIM, Marco Félix. A produção antecipada de prova e o novo CPC. *In:* DIDIER JR., Fredie; JOBIM, Marco Félix; FERREIRA, William Santos (org.). *Grandes temas do Novo CPC:* Direito probatório. 2. ed. Salvador: Juspodivm, 2016. v. 5, p. 555.

[229] Interessante observação faz Michele Taruffo, para quem: "O modelo do processo de *common law* não pode mais ser definido segundo o esquema bifásico de *pre-trial* e *trial*, salvo com o custo de provocar graves mal entendidos, pela simples razão que em uma frequência da ordem de 90 a 98 por cento dos casos o *trial* não tem lugar. [...] Em essência e em síntese: paradoxalmente, a fase de *pre-trial*, nascida com função preparatória, isto é, para permitir às partes chegarem ao *trial* com condições de jogar suas melhores cartas, serve efetivamente para preparar o debate somente quando funciona mal – vale dizer, somente nos raros casos em que falham todos os mecanismos pré-dispostos para fazer com que o processo se encerre o mais rápido possível. O *pre-trial*, portanto, configura-se essencialmente como uma fase de resolução da controvérsia sem decisão e somente excepcionalmente desenvolve realmente uma função preparatória" (TARUFFO, Michele. *Processo civil comparado:* ensaios. São Paulo: Marcial Pons, 2013. p. 21-22).

[230] CAMBI, Eduardo. Discovery no processo civil norte-americano e efetividade da justiça brasileira. *Revista de Processo,* v. 245/2015, p. 425-444, jul. 2015.

5.2.1.1 O sistema inglês

O Direito Processual Civil inglês é regido pelas Regras do Processo Civil (as *CPR – Civil Procedural Rules*). Em muitos processos, as partes e seus advogados devem cumprir protocolos que antecedem a ação (*pre--action phase*). Tais protocolos "funcionam como uma preparação para o processo formal. Seu principal objetivo é ajudar as partes a resolverem o caso"[231] a partir da troca eficiente de informações, sendo esse o objetivo da *disclosure* processual inglesa. Para Neil Andrews, "no contexto da troca de informações processuais, o objetivo óbvio é promover e estimular o acordo, evitando, assim, um processo, ou pelo menos abrir caminho para um litígio mais focado e eficiente, caso este não possa ser evitado"[232].

A *disclosure* está presente tanto na fase *pre-action* como na fase *pre-trial*. Esta última é a que precede à audiência de julgamento. A regra 31.2 das *CPR* inglesas determina que uma parte revele (*discloses*) um documento ao declarar que ele existe ou tenha existido. A revelação e a troca de informações representam mecanismos relevantes para o alcance dos objetivos do processo britânico, atendendo o fim de facilitar a autocomposição. Resumem Laux e Rodrigues:

> A *disclosure* na fase *pre-action* ocorre mediante a utilização dos *pre-action protocols*. Tais protocolos [...] demonstram o modo pelo qual deve ser realizada a troca de comunicações entre as partes na fase em que quem pretende demandar ainda não se decidiu nesse sentido, ou ainda deseja tentar alcançar solução autocompositiva. [...] A *disclosure* também é possível na fase denominada *pre-trial*, após a propositura de demanda voltada à declaração do direito material, portanto, e anteriormente, por sua vez, à audiência em que proferido o julgamento[233].

A *disclosure* inclui, independentemente da fase, obrigatoriamente, a apresentação de informações "relevantes e potencialmente fortalecedoras não somente dos argumentos apresentados pela parte que as revela, mas

---

[231] ANDREWS, Neil. *O moderno processo civil*: formas judiciais e alternativas de resolução de conflitos na Inglaterra. São Paulo: RT, 2009. p. 29.

[232] ANDREWS, Neil. *O moderno processo civil*: formas judiciais e alternativas de resolução de conflitos na Inglaterra. São Paulo: RT, 2009. p. 130.

[233] LAUX, Francisco de Mesquita; RODRIGUES, Daniel Colnago. Antecipação da prova sem o requisito da urgência: primeiras reflexões à luz do novo CPC. *In:* DIDIER JR., Fredie; JOBIM, Marco Félix; FERREIRA, William Santos (org.). *Grandes temas do Novo CPC:* Direito probatório. 2. ed. Salvador: Juspodivm, 2016. v. 5, p. 577.

também dos dados que possam enfraquecer tais alegações, ou mesmo fortalecer aquelas apresentadas pela parte contrária"[234].

A solução extrajudicial do conflito, principalmente por via da mediação, não é uma obrigação no direito inglês. Contudo, os tribunais estão preparados para induzir isso indiretamente: suspendendo o processo judicial para que a oportunidade de mediação seja criada e ordenando altas custas, se uma das partes rejeita sugestões para uma tentativa de mediação, sem motivo plausível.

Ante o exposto, percebe-se a similitude entre aspectos do *disclosure* inglês e a produção probatória antecipada estatuída no Novo CPC brasileiro. Neste último, o ideal de compartilhamento de informações, em fase não litigiosa, para fins autocompositivos tem substrato semelhante no direito inglês, que induz as partes a apresentarem informações dotadas de importância para o deslinde da causa, independentemente do resultado que tal revelação pode acarretar ao conflitante. Com isso, a exemplo do que ocorre na Inglaterra, qualquer dos interessados terá à disposição conhecimentos que poderão auxiliá-los na adoção da medida mais adequada à resolução do confronto.

5.2.1.2 O sistema estadunidense

O sistema processual civil nos Estados Unidos também se divide em duas fases, o *pre-trial*, momento anterior ao julgamento, e o *trial*, fase de julgamento, que pode ocorrer pelo tribunal do júri. A fase *pre-trial* contempla a *discovery,* ou seja, na revelação das provas e dados pelas partes para colaborar com a elucidação do caso.

No *pre-trial*, a participação do magistrado é indireta, pois são os advogados que realizam a maior parte dos procedimentos de produção probatória, acompanhados de oficial que representa o juízo e confere oficialidade aos atos praticados. As intervenções do juiz são excepcionais e se justificam por falhas no andamento do processo ou por requerimento de uma parte que se sentir prejudicada. Em suma, o magistrado deve apenas coibir eventuais abusos dos contendedores e seus advogados, não interferindo diretamente na colheita de provas[235]. Nos dizeres de Eduardo Cambi:

---

[234] *Ibid.*, p. 577.

[235] CAMBI, Eduardo. Discovery no processo civil norte-americano e efetividade da justiça brasileira. *Revista de Processo*, v. 245/2015, p. 425-444, jul. 2015.

> Nos EUA, a maioria dos casos é resolvida em acordos celebrados ainda no momento anterior à fase de julgamento, incentivados pelo próprio sistema judicial, que concede aos celebrantes uma solução mais rápida e sem os riscos da imprevisibilidade do julgador. As partes devem encerrar o litígio na fase pré-julgamento sempre que possível, restando aos juízes os casos mais complexos ou de difícil elucidação[236].

Sobre a *discovery*, essa inclui a utilização de diferentes medidas de instrução, como interrogatório das partes, depoimentos orais e escritos, pedidos de produção, inspeção e cópia de documento, exames físicos e mentais, a possibilidade de se requerer o reconhecimento, pela parte contrária, de que certo fato é incontroverso etc.[237]

Eduardo Cambi destaca o dever de boa-fé no sistema estadunidense como um dos pilares de seu sucesso, podendo o mesmo ser extraído da *federal rule 26,* que, ao impor o dever de as partes revelarem de forma prévia os fatos, impede que uma surpreenda a outra ou o juízo no momento do julgamento, privilegiando a paridade de armas[238]. Para o doutrinador:

> A filosofia do sistema judicial norte-americano permite a revelação total não apenas das provas em si, mas também de informações, documentos e contatos de pessoas que podem de alguma forma colaborar com a elucidação do caso. As informações reveladas nessa fase não serão necessariamente utilizadas ou admitidas em julgamento, mas podem ser úteis na condução de outras provas ou mesmo para distinguir o que deve e o que não deve ser usado na fase de julgamento.
>
> A fase do Discovery prestigia a verdade dos fatos em detrimento da sagacidade ou da má-fé do advogado de uma das partes[239].

Como se percebe, nosso atual Código de Processo também se embebeu do *discovery* estadunidense em inúmeros aspectos. O compartilhamento

---

[236] *Ibid.*, p. 425-444.

[237] LAUX, Francisco de Mesquita; RODRIGUES, Daniel Colnago. Antecipação da prova sem o requisito da urgência: primeiras reflexões à luz do novo CPC. *In:* DIDIER JR., Fredie; JOBIM, Marco Félix; FERREIRA, William Santos (org.). *Grandes temas do Novo CPC*: Direito probatório. 2. ed. Salvador: Juspodivm, 2016. v. 5, p. 578.

[238] CAMBI, Eduardo. Discovery no processo civil norte-americano e efetividade da justiça brasileira. *Revista de Processo,* v. 245/2015, p. 425-444, jul. 2015.

[239] *Ibid.*, p. 425-444.

prévio de informações processuais, a isenção do juiz, conferindo maior autonomia aos interessados e seus procuradores na produção probatória antecipada e o destaque à boa-fé como norma fundamental do processo, que se aloca como paradigma a ser observado pelos conflitantes a fim de que a solução do conflito se efetive da maneira mais adequada possível.

Realmente, a produção antecipada de provas, qualificada como ação autônoma, busca munir os interessados de elementos suficientes para a adoção de uma forma alternativa de solução do conflito. Aqui se revela claro o fomento ao modelo multiportas de dimensionamento dos conflitos adotado pelo novo CPC[240].

5.2.2 Considerações à proposta processual

5.2.2.1 Ação probatória autônoma como via informativa

A prova, como foi abordado anteriormente, pode ser conceituada como instrumento por meio dos qual se introduz no processo informações destinadas à demonstração da ocorrência dos fatos objeto de controvérsia[241]. Nessa ótica, a prova atuaria como veículo informativo-demonstrativo dos fatos alegados.

No procedimento da produção probatória antecipada, não há fato a se demonstrar, pois não há juízo de valor sobre ele. Entretanto, seu resultado tem por escopo informar as partes sobre elementos que constituem um direito em potencial a ser demonstrado e declarado em processo de conhecimento ou para fomentar a realização de soluções autocompositivas.

Como a proposta do livro se circunscreve às soluções alternativas de conflitos, podemos afirmar que a ação probatória autônoma, prevista no Novo CPC, tem total aptidão para estimular a autocomposição por servir como instrumento de informação às partes. Efetivamente, como leciona Flávio Luiz Yarshell, nos meios autocompositivos, as partes devem buscar, a partir de elementos objetivos (dentre os quais a prova produzida antecipadamente), alguma forma de avaliação de suas chances em poten-

---

[240] CARVALHO, Fabrício de F. A prova e sua obtenção antecipada no Novo Código de Processo Civil. *In:* DIDIER JR., Fredie; JOBIM, Marco Félix; FERREIRA, William Santos (org.). *Grandes temas do Novo CPC:* Direito probatório. 2. ed. Salvador: Juspodivm, 2016. v. 5, p. 631.

[241] ALMEIDA, Cleber Lúcio de. *Elementos da teoria geral da prova:* a prova como direito humano e fundamental das partes do processo judicial. São Paulo: Ltr, 2013. p. 27.

cial litígio. A prova permite o recolhimento de elementos para análises que confirmarão ou refutarão diferentes versões fáticas que embasam o conflito, tornando possível admitir como provável/improvável, fundada/infundada uma dada proposição. No magistério do professor:

> Tais mecanismos mostram claramente que esse é o mais adequado caminho para a obtenção de soluções de autocomposição que possam ser consideradas legítimas e que, portanto, se prestem à consecução do escopo social da jurisdição. Trata-se de permitir às partes a identificação dos aspectos relevantes da controvérsia e a consequente busca da melhor solução. Dá-se, assim, ênfase à autodeterminação das partes, que inclui, dentre outros aspectos, o acesso às informações necessárias para uma decisão e para a consumação de um acordo[242].

Dessa forma, a própria concepção de autocomposição torna imprescindível o melhor conhecimento fático, o que pode ser viabilizado pela prova antecipadamente produzida, evitando-se a resolução consensual infundada. Sem tais elementos objetivos que permitem uma melhor avaliação de chances de êxito, pode-se suspeitar que as partes considerem a conveniência de autocomposição a partir de outros fatores que não deveriam ser (os mais) relevantes[243].

A ação probatória como via informativa permitirá aos interessados a oportunidade de reflexão e amadurecimento de suas conclusões sobre os fatos que poderiam ensejar uma pretensão judicial, bem como sobre as chances e os riscos que envolvem a propositura de uma ação. A informação oportunizada pelo procedimento da produção antecipada pode levar à economia de esforços e dispêndios financeiros, livrando o jurisdicionado de percorrer o caminho de um processo cujo resultado se mostra imprevisível.

Os elementos informativos disponibilizados pela produção antecipada da prova garantem, aos interessados, recursos indispensáveis e suficientes para formar convicção acerca da conveniência de ajuizar (ou evitar o ajuizamento) de uma demanda, ou, como aqui se propõe, viabilizar uma solução autocompositiva[244]. Nas palavras de André Bruni Vieira Alves:

---

[242] YARSHELL, Flávio Luiz. *Antecipação da prova sem o requisito da urgência e direito autônomo à prova.* São Paulo: Malheiros, 2009. p. 299.

[243] YARSHELL, Flávio Luiz. *Antecipação da prova sem o requisito da urgência e direito autônomo à prova.* São Paulo: Malheiros, 2009. p. 299, p. 348.

[244] CALDAS, Adriano; JOBIM, Marco Félix. A produção antecipada de prova e o novo CPC. *In:* DIDIER JR., Fredie; JOBIM, Marco Félix; FERREIRA, William Santos (org.). *Grandes temas do Novo CPC:* Direito probatório.

> [A ação probatória autônoma] seria, por assim dizer, uma ação preventiva que, para além da mera conservação da prova, serviria como um esclarecimento prévio dos fatos relacionados a alguma controvérsia (já instaurada ou ainda a ser instaurada), com a saudável função de melhor fundamentar a decisão da propositura (ou não) de uma ação futura de acertamento de direitos materiais, evitando-se, assim, a dedução em juízo de pretensões infundadas por desconhecimento apurado e maduro dos fatos, em estrita sintonia com as atuais tendências do processo civil de incentivo à economia processual e à autocomposição por meios alternativos de solução de conflitos[245].

Finalmente, como assinalam Francisco de Mesquita Laux e Daniel Colnago Rodrigues, o prévio conhecimento dos fatos, por via da ação autônoma de produção de provas, representa condição para a adequada aplicação do direito, tanto na solução judicial como na extrajudicial. A solução autocompositiva, quando atingida com fundamento nas informações trazidas pelo procedimento em estudo, pode conferir aos interessados a aplicação do direito da mesma forma como se teria na solução adjudicada. Porém, é no mínimo provável, "que tal solução, por ter sido alcançada exclusivamente pelos próprios titulares do conflito, detenha maior possibilidade de efetivamente extinguir o conflito constituído entre as partes"[246], sendo esse outro aspecto a se analisar em seguida: o fomento à pacificação viabilizada pela autocomposição fundada na prova antecipada.

5.2.2.2 A natureza dúplice do procedimento

Foi exposto anteriormente que, no entendimento doutrinário de Fredie Didier Jr., Paula Sarno Braga e Rafael Alexandria de Oliveira, o Novo CPC previu uma espécie de pedido contraposto nos casos em que o réu

---

2. ed. Salvador: Juspodivm, 2016. v. 5, p. 547.

[245] BRUNI V.A., André. Da admissibilidade na produção antecipada de provas sem o requisito da urgência (ações probatórias autônomas no novo CPC). *In*: DIDIER JR., Fredie; JOBIM, Marco Félix; FERREIRA, William Santos (org.). *Grandes temas do Novo CPC*: Direito probatório. 2. ed. Salvador: Juspodivm, 2016. v. 5, p. 558.

[246] LAUX, Francisco de Mesquita; RODRIGUES, Daniel Colnago. Antecipação da prova sem o requisito da urgência: primeiras reflexões à luz do novo CPC. *In*: DIDIER JR., Fredie; JOBIM, Marco Félix; FERREIRA, William Santos (org.). *Grandes temas do Novo CPC*: Direito probatório. 2. ed. Salvador: Juspodivm, 2016. v. 5, p. 579.

também requer a produção de qualquer prova no mesmo procedimento, desde que relacionada ao mesmo fato[247].

Embora o Código tenha previsto a possibilidade de o requerido também pleitear a produção antecipada de provas no mesmo procedimento, a ação, por si só, na lição de Flávio Luiz Yarshell, tem natureza dúplice.

Em primeiro lugar, devemos conceituar a ação dúplice. Para Vicente Greco Filho, "a ação é dúplice quando, por sua natureza e procedimento, a proteção do réu já se acha naturalmente inserida em seu desenvolvimento"[248]. Em análise mais profunda, Luis Guilherme Aidar Bondioli explica que:

> Ação dúplice é aquela capaz de proporcionar tanto para o demandante quanto para o demandado uma tutela jurisdicional de igual qualidade, independentemente da oferta de qualquer demanda, pedido e até de defesa por parte deste, em razão de peculiaridades da relação de direito material existente entre as partes, do pedido de tutela formulado e da sua disciplina legal. Na ação dúplice não há propriamente autor e réu. Os litigantes encontram-se, desde sempre, em condição substancialmente idêntica. Em regra, qualquer um deles poderia ter ajuizado a demanda que deu início ao processo e que vai automaticamente tutelar também o demandado. A aptidão da demanda para a efetiva proteção dos direitos e interesses do demandante e do demandado, com a outorga do bem da vida objeto da lide, como se houvesse duas demandas qualitativamente iguais dentro de uma só, traduz a essência da ação dúplice e justifica o seu rótulo. Trata-se de característica inerente à demanda, que não é adquirida no curso do processo, pois nasce com ela, e que reflete as particularidades do direito material em jogo e do pedido de tutela apresentado[249].

No contexto da antecipação probatória, a ação teria natureza dúplice, pois "a prova – entendida como atividade de verificação e de demonstração

---

[247] *Cf.* DIDIER JR., Fredie; BRAGA, Paula Sarno; OLIVEIRA, Rafael Alexandria de. *Curso de direito processual civil*: teoria da prova, direito probatório, ações probatórias, precedente, coisa julgada e antecipação dos efeitos da tutela. 10. ed. Salvador: Juspodivm, 2015. v. 2. p. 146.

[248] GRECO FILHO, Vicente. *Direito processual civil brasileiro, volume 2*: (atos processuais a recursos e processos nos tribunais). 22. ed. São Paulo: Saraiva, 2013. p. 178.

[249] BONDIOLI, Luis Guilherme Aidar. *Reconvenção no processo civil*. São Paulo: Saraiva, 2009. p. 49-51.

de fatos – tem para o réu, ainda que produzida por iniciativa do autor, a mesma função"[250]. Nas palavras de Yarshell:

> As peculiaridades da atividade probatória, se não são aptas a automaticamente fazer do autor um réu (e vice-versa), tornam irrelevante – ao menos se considerada produção da prova – a distinção entre eles. A prova requerida pelo demandante valerá e produzirá efeitos tanto para ele quanto para o demandado. A duplicidade reside em que a "procedência" da demanda – que, na verdade, significa a produção da prova requerida pelo autor – atua de igual forma para ambas as partes; ou, mais ainda: a prova requerida por iniciativa do autor poderá, quanto ao respectivo conteúdo, vir a favorecer o réu sem que, para qualquer uma dessas situações, tenha sido necessário que o demandado alargasse o objeto do processo, deduzindo outro pedido

> [...]

> A duplicidade reside na circunstância de que existe interesse do demandado na produção antecipada da providência de instrução, na medida em que o respectivo resultado possa favorecê-lo. Reitere-se que mesmo a prova cujo conteúdo seja desfavorável ao réu atende, em certa medida, aos interesses da parte desfavorecida, na medida em que lhe serve de advertência, evitando os encargos ainda piores que possam decorrer de um resultado desfavorável no processo cujo objeto seja a declaração do direito[251].

Portanto, apesar de a lei processual permitir o que foi denominado acima por "pedido contraposto", a produção antecipada da prova teria natureza dúplice mesmo que o réu não se utilizasse do artifício do contra-ataque. Nesse diapasão, a prova produzida pode revelar ao autor que sua potencial pretensão não encontra respaldo probatório, o que implicaria, por sua vez, na possibilidade de o réu se utilizar do acervo probatório produzido para tutela de seus interesses. Pensando nos limites a que esse trabalho se atém, pode-se dizer que a prova produzida antecipadamente, em tais condições, pode fomentar uma solução alternativa do conflito ao permitir, às partes, a ponderação das suas chances de êxito.

---

[250] YARSHELL, Flávio Luiz. *Antecipação da prova sem o requisito da urgência e direito autônomo à prova*. São Paulo: Malheiros, 2009. p. 329.

[251] YARSHELL, Flávio Luiz. *Antecipação da prova sem o requisito da urgência e direito autônomo à prova*. São Paulo: Malheiros, 2009. p. 329-330.

5.2.2.3 Deveres das partes e limites ao exercício do direito autônomo à prova

A implementação efetiva do ideal que permeia a transformação legislativa, como demonstra a experiência estrangeira, depende, essencialmente, da adoção, pelas partes, de deveres comportamentais no procedimento da antecipação probatória para fins de solução alternativa de conflitos, especialmente a boa-fé, a veracidade e a colaboração.

O Código de Processo Civil incluiu a boa-fé entre as normas fundamentais do processo, em seu Art. 5º, preceituando que "aquele que de qualquer forma participa do processo deve comportar-se de acordo com a boa-fé"[252]. Para Zulmar Duarte, a boa-fé, no Novo Código:

> [...] assume papel de centralidade na compreensão do processo e, por conta disso, nos ônus, poderes, faculdades e deveres processuais. Não se pode olvidar, a boa-fé é um princípio jurídico que tem importância do mesmo modo para formação do sistema, como ideia jurídica geral, como fio condutor do ordenamento jurídico[253].

A boa-fé desponta como um dos alicerces do CPC/2015 e, para a antecipação probatória com fins de solução alternativa, não poderia ser diferente. Com efeito, a parte que objetivar produzir, antecipadamente, a prova com o fito de buscar uma solução autocompositiva deve ter, como nortes básicos, a probidade e a lealdade na condução de seus atos, haja vista que a solução extrajudicial deve ser adequada à composição do conflito. Dita adequação somente se verifica se o procedimento foi conduzido de maneira leal e honesta pelos interessados.

Ao lado da boa-fé, podemos incluir, como Flávio Luiz Yarshell já indicava em sua clássica obra, o dever de veracidade das partes como um dos sustentáculos do procedimento da antecipação da prova[254]. O antigo CPC previa o referido dever nos artigos 14, I e III; 17, I e II; e 339, que correspondem aos atuais artigos 77, I e II; 80, I e II; e 378[255].

---

[252] DUARTE, Zulmar. Comentários ao Art. 5º do Código de Processo Civil. *In*: GAJARDONI, Fernando da Fonseca. *Teoria geral do processo*: comentários ao CPC de 2015: parte geral. São Paulo: Forense, 2015. p. 56.

[253] *Ibid.*, p. 56

[254] *Cf.* YARSHELL, Flávio Luiz. *Antecipação da prova sem o requisito da urgência e direito autônomo à prova*. São Paulo: Malheiros, 2009. p. 154-155.

[255] Código de Processo Civil de 2015, Art. 77. Além de outros previstos neste Código, são deveres das partes, de seus procuradores e de todos aqueles que de qualquer forma participem do processo: I - expor os fatos

O supramencionado processualista entendia que, dos dispositivos, poder-se-ia extrair uma vedação à alteração da verdade dos fatos e que o dever de veracidade consistia em elemento subjetivo, que ora se traduzia no dolo, ora na culpa. Violar-se-ia o dever com a alegação de fatos que, de antemão, sabia-se inverídicos[256].

Yarshell entende, ainda, que a valoração da prova pré-constituída, pelas partes, "se não é o próprio dever de veracidade, é dele muito próximo"[257]. Para o professor, a parte tem o dever de considerar os elementos que foram pré-constituídos no procedimento da antecipação probatória e orientar sua conduta em função desses indicadores:

> Com efeito, se é certo, por um lado, que as partes estão livres para valorar, segundo seus próprios parâmetros e convicções, o conteúdo de determinada prova produzida em dado processo, não é menos certo, por outro, que a insistência em demandar ou em exercitar defesa no âmbito de processo aparelhado para a declaração do direito poderá, diante da prova produzida de forma antecipada, acarretar consequências para as partes sob a forma de sanções impostas pela não observância do dever acima mencionado[258].

Voltando aos supratranscritos dispositivos, Fernando Gajardoni leciona que o NCPC dá "concretude ao princípio da boa-fé no processo civil, estabelecendo verdadeiro dever de probidade processual"[259]. Percebe-se, portanto, que o princípio da veracidade está diretamente vinculado à boa-fé.

Ademais, a boa-fé processual é uma "exigência do modelo cooperativo do processo"[260]. O princípio da cooperação foi estudado no tópico

---

em juízo conforme a verdade; II - não formular pretensão ou de apresentar defesa quando cientes de que são destituídas de fundamento.

Art. 80. Considera-se litigante de má-fé aquele que: I - deduzir pretensão ou defesa contra texto expresso de lei ou fato incontroverso; II - alterar a verdade dos fatos.

Art. 378. Ninguém se exime do dever de colaborar com o Poder Judiciário para o descobrimento da verdade.

[256] YARSHELL, Flávio Luiz. *Antecipação da prova sem o requisito da urgência e direito autônomo à prova*. São Paulo: Malheiros, 2009. p. 155.

[257] YARSHELL, Flávio Luiz. *Antecipação da prova sem o requisito da urgência e direito autônomo à prova*. São Paulo: Malheiros, 2009. p. 199.

[258] YARSHELL, Flávio Luiz. *Antecipação da prova sem o requisito da urgência e direito autônomo à prova*. São Paulo: Malheiros, 2009. p. 200.

[259] GAJARDONI, Fernando da Fonseca. *Teoria geral do processo*: comentários ao CPC de 2015: parte geral. São Paulo: Forense, 2015. p. 275.

[260] DUARTE, Zulmar. Comentários ao Art. 5º do Código de Processo Civil. *In:* GAJARDONI, Fernando da Fonseca. *Teoria geral do processo*: comentários ao CPC de 2015: parte geral. São Paulo: Forense, 2015. p. 56.

referente aos destinatários da prova, sendo um dos fundamentos para se admitir a tese de que às partes, ao lado do magistrado, também se destina o acervo probatório. Naquela oportunidade, disse-se que "o princípio da cooperação deve ser compreendido no sentido de que os sujeitos do processo vão trabalhar juntos na construção do resultado do processo"[261].

A consecução dos objetivos estatuídos pelo CPC, no que concerne à antecipação da prova para fins autocompositivos, portanto, torna imprescindível a participação cooperativa das partes. Tal participação, como ensina Zulmar Duarte, impõe às partes os deveres de não litigar de má-fé, de observar a boa-fé processual e de não causar danos à parte adversária[262]. Flávio Luiz Yarshell, sobre o dever de colaboração, afirma que, em matéria probatória, a atividade das partes, ainda que empenhadas em buscar, cada qual, a vitória, contribui para que a decisão final seja a mais aderente possível à realidade fática[263].

A determinação de referidos deveres na produção probatória antecipada se revela necessária à medida que o sistema processual se inclina a ampliar o procedimento. Ou, como ensina Yarshell:

> [...] quanto mais o sistema se predispõe a produzir prova de forma antecipada, maior a importância dada à lealdade e à probidade em matéria de prova: permitir a antecipação da prova é, ao mesmo tempo, criar o dever – jurídico e ético – de que as partes a considerem e que, portanto, que norteiem sua conduta em juízo a partir de tais elementos preexistentes [...][264].

Podemos concluir que os deveres abarcados no NCPC quanto às condutas das partes impõem posturas de lealdade, probidade e cooperação, deveres que, relativamente à produção antecipada da prova, darão guisa a um procedimento justo, cujo resultado será adequado aos fins pretendidos pelos sujeitos do processo. O não cumprimento de ditos deveres implicará, inevitavelmente, no desvirtuamento do que se colima

---

[261] CÂMARA, Alexandre Freitas. *O novo processo civil brasileiro*. São Paulo: Atlas, 2015. p. 9.

[262] *Cf.* DUARTE, Zulmar. Comentários ao Art. 5º do Código de Processo Civil. *In:* GAJARDONI, Fernando da Fonseca. *Teoria geral do processo:* comentários ao CPC de 2015: parte geral. São Paulo: Forense, 2015. p. 69.

[263] *Cf.* YARSHELL, Flávio Luiz. *Antecipação da prova sem o requisito da urgência e direito autônomo à prova*. São Paulo: Malheiros, 2009. p. 163.

[264] YARSHELL, Flávio Luiz. *Antecipação da prova sem o requisito da urgência e direito autônomo à prova*. São Paulo: Malheiros, 2009. p. 157-158.

com o procedimento, acarretando potenciais injustiças e ilicitudes na solução obtida.

Uma das maneiras de se deturpar os deveres elencados e, consequentemente, o procedimento em estudo, se revela por meio da produção de provas ilícitas para fins de obtenção de resultado favorável em solução autocompositiva. Portanto, um dever que se deriva dos demais explanados é o de não produzir ou pré-constituir prova ilícita[265]. Na doutrina de Yarshell: "além de eventualmente se poder cogitar de um dever de pré--constituir certa prova, como desdobramento dos deveres de veracidade e de colaboração, mais importante que isso é o dever dos envolvidos de abstenção de pré-constituir prova ilícita"[266].

O abuso de direito também é destacado por Flávio Luiz Yarshell como uma das formas de se violar o caráter ético e jurídico que deve envolver a produção antecipada da prova. Nesse diapasão, surge o dever de não se conduzir de forma abusiva[267]. Utilizando como parâmetro o direito norte-americano, do qual já se demonstrou a explícita inspiração no Código de 2015, Yarshell aduz que, consideram-se abusivas, naquele ordenamento, a postulação que "causa aborrecimento, embaraço, opressão, ou um excessivo ônus ou gasto. Ou, ainda, com ilegítimo propósito de causar atrasos ou despesas à parte adversa"[268]. O professor continua:

> É o caso de requerimento de informações inúteis ou excessivas objetivando atormentar a parte adversa (*overuse of discovery* ou *overdiscovery*); do fornecimento de um elevado volume de documentos com intuito de dificultar o exame do requerente (*bulf discovery* ou *hide and seek play*); do requerimento genérico e vago de informações (*fishing expedition*), inclusive com a incompleta delimitação de seu conteúdo; da recusa ao fornecimento de informações requeridas, sob o falso pretexto de impossibilidade técnico-processual de colaboração ou pelo simples motivo de impedir o acesso a informação relevante, com a destruição

---

[265] YARSHELL, Flávio Luiz. *Antecipação da prova sem o requisito da urgência e direito autônomo à prova*. São Paulo: Malheiros, 2009. p. 193.

[266] YARSHELL, Flávio Luiz. *Antecipação da prova sem o requisito da urgência e direito autônomo à prova*. São Paulo: Malheiros, 2009. p. 194.

[267] YARSHELL, Flávio Luiz. *Antecipação da prova sem o requisito da urgência e direito autônomo à prova*. São Paulo: Malheiros, 2009. p. 195.

[268] YARSHELL, Flávio Luiz. *Antecipação da prova sem o requisito da urgência e direito autônomo à prova*. São Paulo: Malheiros, 2009. p. 196.

de documentos ou através de outra forma intencional ou culposa de obstrução do uso da prova[269].

O abuso de direito também se observa na intimidação que um pleito de antecipação probatória pode propiciar à parte adversa, bem como na busca por uma situação jurídica simples para complexas relações jurídicas.

Deve o magistrado, nesses casos, rechaçar os pedidos de antecipação probatória, com vistas à autocomposição, em que não se mostrar presente a relevância da prova que se pretende antecipar. A parte que não se demonstrar a potencial controvérsia a ser instaurada e a utilidade da prova para compor a lide não pode ter seu procedimento admitido, "devendo-se repelir quaisquer tentativas de utilização deste instrumento processual para a busca ou investigação decorrentes de imaginárias e hipotéticas elucubrações dos jurisdicionados"[270].

A observância aos deveres que contornam o procedimento da prova antecipada para fins autocompositivos ocasiona, portanto, a limitação do exercício do direito autônomo à prova, já que este não poderá ser utilizado de forma ilícita, abusiva ou em corrupção aos princípios da boa-fé, da veracidade e da cooperação. Afinal, como asseveram Francisco de Mesquita Laux e Daniel Colnago Rodrigues:

> Reconhecer a existência de um direito autônomo à prova não significa, portanto, afirmar que a tutela do direito à prova não deva guardar qualquer relação com a necessidade de demonstração de pertinência entre a prova que se pretende obter e a situação de direito material eventual e potencialmente objeto de demanda voltada à declaração do direito. Requerer a antecipação da prova por interesse na autocomposição necessita da demonstração, na causa de pedir, da exata ligação entre a prova que se pretende obter e o eventual conflito que se busca compor de maneira consensual[271].

---

[269] YARSHELL, Flávio Luiz. *Antecipação da prova sem o requisito da urgência e direito autônomo à prova.* São Paulo: Malheiros, 2009. p. 196-197.

[270] BRUNI, V. A. Da admissibilidade na produção antecipada de provas sem o requisito da urgência (ações probatórias autônomas no novo CPC). *In:* DIDIER JR., Fredie; JOBIM, Marco Félix; FERREIRA, William Santos (org.). *Grandes temas do Novo CPC:* Direito probatório. 2. ed. Salvador: Juspodivm, 2016. v. 5, p. 569.

[271] LAUX, Francisco de Mesquita; RODRIGUES, Daniel Colnago. Antecipação da prova sem o requisito da urgência: primeiras reflexões à luz do novo CPC. *In:* DIDIER JR., Fredie; JOBIM, Marco Félix; FERREIRA, William Santos (org.). *Grandes temas do Novo CPC:* Direito probatório. 2. ed. Salvador: Juspodivm, 2016. v. 5, p. 580.

O desrespeito aos princípios destacados importará na violação aos deveres impostos pelo Código às partes em juízo, sujeitando, o litigante de má-fé, às sanções legais, à responsabilidade civil e mesmo criminal.

5.2.2.4 Os riscos de se suscitar a realização de acordos via coação e/ou em condições injustas

Anteriormente, abordou-se o tema sobre os deveres das partes no procedimento da antecipação probatória. Na oportunidade, concluiu--se que a implementação efetiva do ideal que permeia a transformação legislativa, depende, essencialmente, da adoção, pelas partes, de deveres comportamentais.

Ditos deveres têm como premissas a boa-fé, norma fundamental do processo que impõe a probidade e a lealdade na condução dos atos processuais; a veracidade, que determina a vedação à alteração da verdade dos fatos; a cooperação, que estabelece a não litigância de má-fé e o não prejuízo à parte adversa; a não produção de prova ilícita; e, finalmente, a não abusividade.

A violação aos deveres citados pode permitir que o procedimento em estudo se instrumentalize para a consecução de soluções alternativas de litígios abusivas, ilegítimas, ilícitas e injustas.

Na experiência estrangeira — considerando que a inspiração da atual legislação se assenta no modelo aplicado no sistema *common law* —, juristas comentam acerca de aspectos que costumam macular o procedimento no qual se espelhou o CPC/2015 e dos quais podemos extrair lições para evitar que o mesmo ocorra no processo brasileiro.

Em primeiro lugar, deve-se impedir que o fomento à autocomposição se transforme em mero facilitador de acordos, permitindo-se que resoluções de conflitos sejam efetuadas visando apenas à finalidade procedimental, sem se atentar aos meios empregados para alcance do objetivo processual. Esse é um dos vícios do sistema estadunidense, como assinala Owen Fiss: "'a facilitação de acordos' tornou-se um propósito explícito das audiências que antecedem o julgamento e o juiz passou a ser convidado [...] a agir considerando 'o acordo e o uso de procedimentos especiais para ajudar na solução da controvérsia'"[272].

---

[272] FISS, Owen. *Um novo Processo Civil*: estudos norte-americanos sobre Jurisdição, Constituição e sociedade. São Paulo: RT, 2004. p. 122.

A antecipação probatória utilizada para viabilizar a autocomposição ou outro meio adequado de solução de conflito, embora tenha tal escopo, de forma alguma pode ser empregada sem atendimento aos requisitos indispensáveis para exercício da ação de produção de provas. Nesse sentido, o magistrado deve se atentar aos pressupostos para ajuizamento da demanda, bem como às peculiaridades subjetivas de cada caso. Seu papel não deve ser de mero espectador ou simples administrador de um procedimento cujo fim não se interliga aos meios e caminhos pelos quais percorreu o processo. Apesar de a autocomposição ser o método mais eficaz de se pacificar o conflito, sua consecução deve ser propiciada pelos agentes processuais que, como na solução adjudicada, objetivarão a legalidade e a justiça do acordo realizado, caracteres não necessariamente encontrados nas soluções consensuais em que se vislumbra o afastamento de um intermediador-fiscalizador como o Judiciário.

Owen Fiss, outrossim, questiona a política pró solução alternativa de conflitos na legislação americana e a opção pela não adjudicação do litígio, afirmando que o acordo, geralmente, se obtém mediante coação.

Fundamentando seu pensamento, o Fiss demonstra que, normalmente, as partes em dissídio estão em condição de disparidade, especialmente econômica. Nesse sentido, o acordo seria "um produto dos recursos de que dispõem cada uma das partes para financiar o processo judicial, sendo certo que tais recursos são, frequentemente, distribuídos de maneira desigual"[273]. Com isso, o acordo obtido pelas partes em discrepância de recursos ofenderia a própria concepção de justiça[274]. Para

---

[273] FISS, Owen. *Um novo Processo Civil*: estudos norte-americanos sobre Jurisdição, Constituição e sociedade. São Paulo: RT, 2004. p. 124.

[274] *Cf.* FISS, Owen. *Um novo Processo Civil*: estudos norte-americanos sobre Jurisdição, Constituição e sociedade. São Paulo: RT, 2004. p. 125. Owen Fiss, explanando ainda mais seu pensamento, aduz que a falta de paridade entre as partes pode influenciar no acordo de três maneiras: "Primeiro, a parte mais pobre pode ser menos passível de reunir e analisar as informações necessárias à previsão da decisão do litígio, o que a deixaria em desvantagem no processo de negociação. Segundo, pode necessitar, de imediato, da indenização que pleiteia e, desse modo, ser induzida à celebração de um acordo como forma de acelerar o pagamento, mesmo ciente de que receberá um valor inferior ao que conseguiria se tivesse aguardado o julgamento. Todos os autores de ações judiciais querem suas indenizações imediatamente, mas um autor muito pobre pode ser explorado por um réu rico, pois sua necessidade é tão grande que o réu pode compeli-lo a aceitar uma quantia inferior àquela a que tem direito. Terceiro, a parte mais pobre pode ser forçada a celebrar um acordo em razão de não possuir os recursos necessários para o financiamento do processo judicial, o que inclui tanto as despesas previstas como, por exemplo, honorários advocatícios, quanto aquelas que podem ser impostas por seu oponente, por meio de manipulação de mecanismos processuais como o da instrução probatória. Aparentemente, o acordo beneficia o autor da ação, permitindo-lhe evitar os custos do processo judicial, mas isso não é verdade. O réu pode calcular as despesas que o autor teria se o caso tivesse ido a julgamento e diminuir sua proposta no valor dessa quantia. O autor muito pobre é uma vítima dos custos do processo, mesmo quando aceita fazer

o autor, a presença do juiz é fundamental para diminuir o impacto da desigualdade entre os litigantes, principalmente por meio de atos de instrução *ex officio*[275].

A coação para realização de acordo é um problema que deve ser coibido logo que o magistrado perceba que a produção de provas antecipada tem como propósito ameaçar a parte adversa a promover uma autocomposição inadequada às circunstâncias do caso. Assim, constatando, o juiz, que uma das partes demonstra incompreensão quanto à sua posição no procedimento; que há disparidade técnica e/ou econômica entre os sujeitos; que a parte contrária age deslealmente ou de má-fé; que um direito pode ser neutralizado em consequência de um acordo; deve ele atuar de maneira ativa a fim de se impedir que haja a solução alternativa do confronto em condições favoráveis a um dos contendentes, que se utilizou de artifícios pessoais para obter acordo não devido, em detrimento da parte contrária.

Fiss argumenta, ademais, que a ausência de instrução processual e de julgamento problematizam o envolvimento do juiz na causa e que, apesar da abreviação do litígio, a justiça pode não ser feita, concluindo que "o acordo é uma rendição às condições da sociedade de massa e não deveria ser encorajado ou valorizado"[276]. Das colocações acima, dois pontos devem ser discutidos.

Primeiramente, sobre a ausência de instrução e julgamento, no caso brasileiro, o caráter sumário do procedimento obsta que se produzam provas além daquelas pleiteadas e deferidas pelo magistrado. As informações viabilizadas pelo acervo probatório produzido podem ser suficientes para que as partes se componham de forma justa, de acordo com os resultados apontados no procedimento. Contudo, não se negue que, no processo de conhecimento adjudicado, há maior probabilidade de se produzir um conjunto probatório mais vasto comparativamente ao procedimento de antecipação probatória e, consequentemente, que tais elementos ensejem uma decisão judicial de maior complexidade na definição do direito em litígio.

---

o acordo" (FISS, Owen. *Um novo Processo Civil*: estudos norte-americanos sobre Jurisdição, Constituição e sociedade. *São Paulo:* RT, 2004. p. 125).

[275] *Cf.* FISS, Owen. *Um novo Processo Civil*: estudos norte-americanos sobre Jurisdição, Constituição e sociedade. São Paulo: RT, 2004. p. 126-127.

[276] FISS, Owen. *Um novo Processo Civil*: estudos norte-americanos sobre Jurisdição, Constituição e sociedade. São Paulo: RT, 2004. p. 124.

Até em virtude disso é que, em tópico anterior, discutiu-se a possibilidade de o juiz, oficiosamente, expandir os limites probatórios dos pedidos das partes e produzir provas que entender necessárias para o deslinde da controvérsia, mesmo que tal se dê por autocomposição. Nesse caso, a despeito de o magistrado não se pronunciar sobre a ocorrência ou a inocorrência do fato, nem sobre as respectivas consequências jurídicas, ao determinar a produção probatória para além dos limites definidos pelas partes, tendo como intuito enriquecer o conjunto informativo com potencial para desencadear uma solução autocompositiva, o juiz diminuirá o impacto da ausência do Estado aplicador do direito e pacificador com justiça.

Em segundo lugar, concordamos parcialmente com a declaração de que o acordo seria uma rendição às condições da sociedade de massa. Com efeito, os números acerca de quantidade de processos judiciais em trâmite no Brasil escancaram a necessidade de se buscar soluções que não dependam exclusivamente do Poder Judiciário, completamente abarrotado e praticamente impossibilitado de exercer sua função constitucional de forma plena. Todavia, dita rendição deve ser vista sob seu aspecto positivo que, conforme já ilustrado, se configura na possibilidade de se pacificar um confronto a partir do diálogo e da troca de elementos informativos entre os contendentes, sem necessidade de decisão imperativa de declaração do direito. Nesse sentido, ao contrário do que sustenta Fiss, o acordo deve, sim, ser encorajado e valorizado, haja vista que ninguém é tão capaz de resolver seus litígios do que as próprias partes em jogo, principalmente se a resolução tiver fulcro dialógico e harmonioso.

Finalmente, aduz Owen Fiss que a solução alternativa reduz "a função social do processo judicial"[277]. Para o jurista, a solução por via judicial confere força aos valores contidos na legislação, situação que não ocorre quando as partes celebram um acordo, já que as personagens deste aspiram maximizar os objetivos de particulares[278].

A função tradicional do processo é pacificar com justiça. Contudo, como se explanou no curso do livro, nem sempre a solução judicial é adequada para as finalidades a que se propõem a jurisdição. De outro lado, a solução autocompositiva costuma revelar verdadeiro sentido pacificador

---

[277] FISS, Owen. *Um novo Processo Civil*: estudos norte-americanos sobre Jurisdição, Constituição e sociedade. São Paulo: RT, 2004. p. 139.

[278] *Cf.* FISS, Owen. *Um novo Processo Civil*: estudos norte-americanos sobre Jurisdição, Constituição e sociedade. São Paulo: RT, 2004. p. 139.

por ser estabelecido de acordo com as vontades dos envolvidos no confronto. Portanto, a função social do processo não restaria fragilizada pela realização da autocomposição. Além disso, não vislumbramos enfraquecimento dos ideais contidos na legislação pela realização de um acordo, haja vista que esse se restringirá a direitos disponíveis (ou indisponíveis passíveis de disponibilização), tratando-se de permissivo legal para promoção de soluções consensuais, cuja eventual exequibilidade judicial pode ser impedida se sua efetuação se deu em violação ao ordenamento jurídico.

Em contrapartida aos argumentos aventados, Neil Andrews, também baseado na experiência estrangeira, afirma que o acordo efetivado na fase pré-julgamento pode ser mais flexível que a sentença proferida pelo Judiciário, podendo-se inserir um elemento de sucesso para ambas as partes na resolução final, enquanto a decisão judicial, geralmente, cria somente um vencedor.

Aduz, outrossim, que a solução autocompositiva será de grande valia quando as partes tiverem relacionamento contínuo, já que a relação será mantida após o fim da contenda. Ademais, o sistema executivo judiciário garante que o cumprimento do acordo não fique condicionado ao senso de honra das partes, podendo ser executado pelo processo civil tradicional.

O fator econômico também prepondera para que se opte por uma solução amistosa do conflito, já que o processo judicial, levado às últimas consequências, pode se tornar excessivamente dispendioso para as partes[279].

5.2.2.5 Questionamentos quanto à limitação de defesas e recursos

Como referido anteriormente, o texto do Código de 2015 impõe limitação extremamente polêmica no que concerne ao direito de defesa e de recorribilidade no procedimento em estudo. Efetivamente, o §4º do Art. 382 prevê a não admissão de defesa no trâmite da produção antecipada de provas. O único recurso admitido diz respeito à decisão que indefere totalmente a produção da prova pleiteada pelo requerente originário.

Parece-nos que a interpretação literal do dispositivo implicaria em inevitável violação ao direito à ampla defesa assegurado constitucional-

---

[279] ANDREWS, Neil. *O moderno processo civil*: formas judiciais e alternativas de resolução de conflitos na Inglaterra. São Paulo: RT, 2009. p. 244-245.

mente, apesar da simplicidade aparente que envolve o procedimento, o que, por si só, não permite que o contraditório tenha a extensão típica do procedimento comum.

Para Didier, Oliveira e Braga, o legislador infraconstitucional não poderia regular a matéria do modo como o fez. Revela, ademais, incoerência, pois o mesmo Art. 382, em seu §1º, determina a citação dos interessados (até mesmo oficiosamente), o que indica participação do interessado citado no processo de modo ativo[280]. Para os processualistas:

> Há, sim, contraditório reduzido, mas não zerado: discute-se o direito à produção da prova, a competência do órgão jurisdicional (se há regras de competência, há possibilidade de o réu discutir a aplicação delas, obviamente; a alegação de incompetência é matéria de defesa), a legitimidade, o interesse, o modo de produção da perícia (nomeação de assistente técnico, possibilidade de impugnação do perito etc.) etc. Não se admite discussão em torno da valoração da prova e dos efeitos jurídicos dos fatos probandos – isso será objeto do contraditório em outro processo[281].

Cassio Scarpinella Bueno, ao contrário, entende que ele é pertinente e não ofende os princípios do contraditório e da ampla defesa, pois os debates em relação à avaliação da prova serão feitos posteriormente. Basta que se observe o contraditório na forma estatuída pelo §1º do Art. 382, restando satisfeito este se as regras relativas a cada um dos meios de prova forem suficientemente observadas. Em outras palavras, o contraditório no procedimento em estudo se relaciona ao meio de prova que fora antecipado, "sendo desnecessária qualquer antecipação relativa à valoração da prova e, consequentemente, ao contraditório dela decorrente"[282].

Marcus Vinícius Rios Gonçalves, por sua vez, alerta ser comum que o requerido queira, já no procedimento de antecipação probatória, defender-se de uma futura e eventual ação principal, não sendo esse, porém, o momento apropriado para o fazer, pois o magistrado não se pronunciará

---

[280] *Cf.* DIDIER JR., Fredie; BRAGA, Paula Sarno; OLIVEIRA, Rafael Alexandria de. *Curso de direito processual civil*: teoria da prova, direito probatório, ações probatórias, precedente, coisa julgada e antecipação dos efeitos da tutela. 10. ed. Salvador: Juspodivm, 2015. v. 2. p. 145.

[281] DIDIER JR., Fredie; BRAGA, Paula Sarno; OLIVEIRA, Rafael Alexandria de. *Curso de direito processual civil*: teoria da prova, direito probatório, ações probatórias, precedente, coisa julgada e antecipação dos efeitos da tutela. 10. ed. Salvador: Juspodivm, 2015. v. 2. p. 145-146.

[282] BUENO, Cassio Scarpinella. *Manual de direito processual civil*: inteiramente estruturado à luz do novo CPC, de acordo com a Lei n. 13.256, de 4-2-2016. 2. ed. São Paulo: Saraiva, 2016. p. 354.

sobre os fatos e as consequências jurídicas deles decorrentes, mas apenas sobre a necessidade de se antecipar a prova e sobre a regularidade de sua realização. Contudo, entende o doutrinador que "o réu poderá arguir a incompetência do juízo, ou o impedimento e a suspeição do juiz, já que isso repercutirá sobre a própria validade das provas colhidas"[283].

O cerceamento à defesa no procedimento pode implicar na utilização abusiva do instituto por parte do autor do pedido. Sem possibilidade de se defender adequadamente, a prova antecipada pleiteada e deferida judicialmente permitiria o acesso, pelo requerente, a informações a que não teria disponibilidade se litigasse de boa-fé. Trata-se da chamada *fishing expedition*, situação verificada no *common law* e caracterizada pela motivação oculta de se obter informações sigilosas em poder da parte adversa. Nas palavras de Francisco de Mesquita Laux:

> [...] o exercício do poder de antecipação da prova pode ocasionar situações indesejáveis ao sistema processual. Cite-se, por exemplo, a prática denominada *fishing expedition*, caracterizada pela intenção velada de uma das partes de, mediante a ameaça ou efetiva propositura de demanda infundada, ter a possibilidade de acesso a informações sigilosas, em poder da contraparte[284].

A "pesca de informações" deve ser coibida, portanto, no processo de antecipação probatória, sendo a defesa o modo mais pertinente de se garantir que o magistrado se atente para os reais desígnios do proponente da medida. Embora não seja razoável se falar em instauração de controvérsia sobre os fatos que envolvam uma potencial contenda, a abusividade do direito pode ser alegada pela parte prejudicada, assegurando-se o sigilo de dados e informações das quais não possui, a parte adversa, o direito de conhecer.

A fim de se evitar a instrumentalização da prova antecipada para finalidades desleais e ímprobas, Elias Marques de Medeiros Neto, Francisco Laux, Giovani Ravagnani, Felipe Roberto Rodrigues, Ricardo Aprigliano e William Santos Ferreira propõem que se permita, na defesa, a apresentação de argumentos quanto a fatos ou as suas consequências jurídicas,

---

[283] *Cf.* GONÇALVES, Marcus Vinicius Rios. *Novo curso de direito processual civil, volume 2*: processo de conhecimento (2a parte) e procedimentos especiais. 12. ed. São Paulo: Saraiva, 2016. p. 42.

[284] LAUX, Francisco de Mesquita. Relações entre a antecipação da prova sem o requisito da urgência e a construção de soluções autocompositivas. *Revista de Processo*, v. 242/2015, p. 457-481, abr. 2015.

desde que não guardem relação estritamente com o mérito de uma futura e eventual demanda declaratória do direito.

Nesse diapasão, aduzem que o contraditório deve ser observado no procedimento de modo a não deturpar o devido processo legal, já que a produção antecipada de provas enseja a constituição de um processo, que somente pode ser considerado devido se conferir à parte a possibilidade de influir no convencimento do julgador. Na verdade, para os processualistas, o que se aceita é uma "limitação horizontal dos argumentos de defesa", em respeito à sumária cognição judicial que envolve o procedimento e que impõe, ao magistrado, limitações de pronunciamento sobre a ocorrência ou inocorrência do *fato probando* ou sobre suas respectivas consequências jurídicas. Para os autores, "o direito à prova não pode ser tido como algo absolutamente desconectado daquilo potencialmente perseguido mediante a propositura de eventual demanda voltada à declaração do direito"[285].

Ainda relembram os autores supracitados que matérias de ordem pública e outras cognoscíveis de ofício que afetem a formação da relação processual ou o direito à prova também podem ser objeto de argumentação defensiva na antecipação probatória, mesmo que o texto legal não tenha previsto tal alternativa[286].

Sobre a não admissibilidade de recurso, salvo contra decisão que indeferir totalmente a produção da prova pleiteada pelo requerente originário – circunstância que permitiria a interposição de apelação –, Didier Jr., Oliveira e Braga acreditam, entretanto, que, se o requerente cumular pedidos (produção de mais de uma prova) e o juiz não admitir uma delas, abre-se caminho para interposição de agravo de instrumento, com fun-

---

[285] *Cf.* MEDEIROS NETO, Elias Marques de; LAUX, Francisco de Mesquita; RAVAGNANI, Giovani. S.; RODRIGUES, Felipe Roberto; APRIGLIANO, R. C.; FERREIRA, William Santos. *A Defesa na Produção Antecipada de Provas – Uma leitura constitucional do artigo 382, § 4º, do novo CPC.* Disponível em: http://www.migalhas.com. br/dePeso/16,MI245536,41046A+Defesa+na+Producao+Antecipada+de+Provas+Uma+leitura+constitucional. Acesso em: 19 out. 2016. Os autores afirmam que o processo em estudo deve admitir argumentos defensivos relativos à privacidade ou ao sigilo das informações, à violação do dever de honra ou mesmo à subsistência de "outros motivos graves que, segundo o prudente arbítrio do juiz, justifiquem" a impossibilidade de produção da prova, tal como ocorre no âmbito da exibição de documento ou coisa.

[286] *Cf.* MEDEIROS NETO, Elias Marques de; LAUX, Francisco de Mesquita; RAVAGNANI, Giovani. S.; RODRIGUES, Felipe Roberto; APRIGLIANO, R. C.; FERREIRA, William Santos. *A Defesa na Produção Antecipada de Provas – Uma leitura constitucional do artigo 382, § 4º, do novo CPC.* Disponível em: http://www.migalhas. com.br/dePeso/16,MI245536,41046A+Defesa+na+Producao+Antecipada+de+Provas+Uma+leitura+constitucional. Acesso em: 19 out. 2016.

damento no Art. 1.015, II, do CPC[287-288]. Posição diferente sustenta Neves, para quem o indeferimento parcial é irrecorrível, pois, embora seja realizado por meio de uma decisão interlocutória de mérito, o que permitiria a interposição de agravo de instrumento, a expressa previsão de irrecorribilidade do Art. 382, §4º impede tal interpretação[289]. Para Eduardo Talamini, a hipótese se encaixa naquelas passíveis de impugnação por via do mandado de segurança[290].

Causa estranheza a exclusividade recursal (embora restritíssima) ao requerente originário da medida. Ora, se o CPC/2015 permite que os demais interessados também requeiram, no mesmo procedimento, a produção de qualquer prova, desde que relacionada ao mesmo fato e que a produção conjunta não acarrete excessiva demora (Art. 382, §3º), não faz sentido impedir ditos interessados de também apelarem caso lhes seja negado o direito de produção de prova antecipadamente, em especial se o fundamento da negativa sequer tiver relação com o preenchimento dos requisitos prescritos no dispositivo citado.

Para manter válido, constitucionalmente, a regra inscrita no Art. 382, §3º, também se faz necessário interpretá-lo sistematicamente, em conformidade com o ordenamento jurídico constitucional e as próprias normas processuais que aproximam o processo da Carta da República de 1988. Nesse cenário, a fim de assegurar o exercício dos direitos fundamentais que norteiam todo o processo civil, a exegese do mencionado dispositivo também não pode ser literal, sob pena de violação irremediável do devido processo legal, do contraditório e da ampla defesa.

5.2.2.6 Os deveres-poderes do magistrado no procedimento

A prova, no dizer de Yarshell, "está relacionada de forma relevante com o poder do juiz"[291]. Como visto anteriormente, o magistrado é um

---

[287] *Cf.* DIDIER JR., Fredie; BRAGA, Paula Sarno; OLIVEIRA, Rafael Alexandria de. *Curso de direito processual civil*: teoria da prova, direito probatório, ações probatórias, precedente, coisa julgada e antecipação dos efeitos da tutela. 10. ed. Salvador: Juspodivm, 2015. v. 2. p. 146.

[288] Código de Processo Civil de 2015: Art. 1.015. Cabe agravo de instrumento contra as decisões interlocutórias que versarem sobre: II - mérito do processo.

[289] NEVES, Daniel Amorim Assumpção. *Manual de direito processual civil*. 8. ed. Salvador: Editora JusPodivm, 2016. p. 793.

[290] *Cf.* TALAMINI, Eduardo. Comentários ao artigo 381 do Novo Código de Processo Civil. *In:* CABRAL, Antonio do Passo; CRAMER, Ronaldo (coord.). *Comentários ao novo código de processo civil*. 2. ed. Rio de Janeiro: Forense, 2016. p. 597.

[291] YARSHELL, Flávio Luiz. *Antecipação da prova sem o requisito da urgência e direito autônomo à prova*. São Paulo: Malheiros, 2009. p. 113.

dos destinatários da prova (sendo que muitos entendiam, antes mudança legislativa, ser o único destinatário). Além disso, o processo é o instrumento estatal de resolução de conflitos e consequente pacificação social. O juiz, no que tange às provas, deve determiná-las, de ofício ou a requerimento das partes, a fim de julgar o mérito da demanda (Art. 370 do NCPC).

Contudo, na antecipação probatória, como prescreve o atual Art. 382, §2º, o juiz não se pronunciará sobre a ocorrência ou inocorrência do fato, nem sobre as respectivas consequências jurídicas. O magistrado tem o dever de observar os limites atinentes à legalidade dos meios de prova e a relevância jurídica da sua produção[292].

Mesmo raciocínio expressa André Bruni Vieira Alves, para quem a ação probatória autônoma é independente em relação à declaração de um direito em eventual demanda posterior; porém, apesar dessa independência, o juiz não é obrigado a admitir toda e qualquer prova que se pretenda realizar. Para o autor:

> Qualquer postulação de prova deve passar necessariamente pelo crivo preliminar do magistrado de verossimilhança e plausibilidade da postulação e, portanto, de sua admissibilidade. E, se assim é em relação à controvérsia já instaurada, também deverá assim ser quando a controvérsia ainda não esteja instaurada (ou esteja em vias de ser instaurada), inda mais se a postulação pela antecipação da prova for deduzida sob a alegação de uma suposta oportunidade de se evitar (ou confirmar) uma ação futura de acertamento de direitos ou se permitir a autocomposição[293].

---

[292] Eduardo Cambi diferencia a admissibilidade legal da prova de sua relevância: "O juízo de relevância recai sobre a análise dos fatos controvertidos a serem provados e dos meios probatórios escolhidos, enquanto o juízo de admissão resulta da questão atinente à possibilidade de restrição da utilização de determinados meios de prova ou da impossibilidade de se provarem determinados fatos. [...] A relevância (gênero) da prova é um requisito que concerne à prudente avaliação do juiz, chamado a dar uma valoração antecipada e hipotética das consequências jurídicas que derivariam dos fatos alegados, caso viessem a ser provados. Trata-se de um juízo sobre o mérito, já que atinente à res in iudicium deducta, que pode, inclusive, gerar a possibilidade de proferir, desde logo, uma sentença definitiva (Art. 330 do CPC), devendo o juiz, caso considere serem os fatos, tais como afirmados e representados pelas partes, impertinentes, falsos ou hipoteticamente verdadeiros, [...], reconhecer a inutilidade da atividade probatória, limitando o exercício do direito à prova e, se for o caso, proferindo sentença" (CAMBI, Eduardo. *A prova civil*: admissibilidade e relevância. São Paulo: RT, 2006. p. 262-263 e 266).

[293] BRUNI, V. A. Da admissibilidade na produção antecipada de provas sem o requisito da urgência (ações probatórias autônomas no novo CPC). In: DIDIER JR., Fredie; JOBIM, Marco Félix; FERREIRA, William Santos (org.). *Grandes temas do Novo CPC*: Direito probatório. 2. ed. Salvador: Juspodivm, 2016. v. 5, p. 567.

A postura do magistrado, no procedimento em estudo, portanto, parece se restringir ao controle da admissibilidade e da relevância da prova. Entretanto, devemos anotar a posição sustentada por Flávio Luiz Yarshell que, em seu célebre estudo, entendia que o poder do juiz, em matéria probatória, não se restringiria ao objetivo de preparar o julgamento estatal em momento posterior, mas também ao escopo de fornecer às partes elementos que lhe permitiriam avaliar seus riscos em futuro processo, solidificando posições e permitindo a atuação em juízo de forma consciente e segura, ou informando os sujeitos de suas fragilidades, possibilitando uma solução autocompositiva[294]. Para o autor:

> Se é possível, quando se pensa apenas na ligação entre prova e julgamento estatal, conceber o termo "instrução" de forma ampla, como o conjunto de todas as atividades realizadas no processo destinadas a produzir convicção no espírito do juiz, não será desproposito – agora, pensando no nexo entre prova e formação do convencimento das partes a respeito de suas chances – ampliar ainda mais aquele conceito – e, junto com ele, o poder do juiz, que lhe é correlato –, para concebê-lo como abrangente de atividades destinadas a produzir convicção no espírito dos interessados.

> Perspectiva com tal amplitude, aliás, parece ser coerente com a amplitude que deve ter a garantia de ação. Analogicamente dá-se com relação ao poder "geral" que a doutrina reconhece ao juiz na produção antecipada da prova no âmbito cautelar, não parecendo desproposito falar-se de um poder geral de antecipação da prova, não apenas cautelar[295].

Entendendo que a prova atua como elemento norteador das condutas das partes no processo, Yarshell defende a possibilidade de se conceber o poder de instrução do magistrado como fundamento para esclarecer e convencer os interessados na causa a evitar o processo judicial e a decisão estatal imperativa. Assim, para o processualista, uma vez demandada a

---

[294] Cf. YARSHELL, Flávio Luiz. *Antecipação da prova sem o requisito da urgência e direito autônomo à prova*. São Paulo: Malheiros, 2009. p. 139.

[295] YARSHELL, Flávio Luiz. *Antecipação da prova sem o requisito da urgência e direito autônomo à prova*. São Paulo: Malheiros, 2009. p. 139.

antecipação probatória para fins não cautelares, o poder de instrução do juiz deve ser tão intenso quanto nos casos em que envolva urgência[296].

A intensidade de poder instrutório proposta pelo digníssimo processualista permite que se interprete que, no tramite procedimental da prova antecipada, ao magistrado não cumpre apenas a tarefa de controlar o que é admissível e relevante. Com efeito, no entendimento exposto, teria o juiz condições de potencializar o conhecimento e o convencimento das partes envolvidas quanto às peculiaridades e minúcias do conflito a fim de se atingir uma resolução que partisse do desejo dos próprios interessados.

Ao aduzir que "não é despropositado falar-se de um poder geral de antecipação da prova", o doutrinador deixa entender que o magistrado tem o dever-poder de atuar ativamente na produção probatória antecipada, seja ela cautelar ou não, garantindo-se os fins objetivados pela legislação.

Ante tal raciocínio, podemos indagar: tem o magistrado competência para, de ofício, determinar, antecipadamente, a realização de determinada prova com o fito de se objetivar a solução do dissídio?

Nos casos em que a prova a se antecipar possui o risco de perecimento, ou seja, quando o pedido é fundado na cautelaridade do procedimento, doutrina e jurisprudência costumam apontar o "dever geral de cautela" do juiz como princípio justificador da conduta oficiosa do magistrado.

O Código de Processo Civil revogado previa, em seu artigo 798, a permissão ao juiz, para além dos procedimentos cautelares previstos na lei, de determinar medidas provisórias que julgasse adequadas, quando houvesse fundado receio de que uma parte, antes do julgamento da lide, causasse ao direito da outra lesão grave e de difícil reparação. O Código de 2015, no Livro correspondente às tutelas provisórias, prescreve, em seu artigo 297, que "O juiz poderá determinar as medidas que considerar adequadas para efetivação da tutela provisória".

Ambos os dispositivos tratam do já denominado poder geral de cautela que, no magistério de Fernando da Fonseca Gajardoni, trata-se de um poder supletivo-integrativo da eficácia da atividade jurisdicional, com fundamento na Constituição Federal (Art. 5º, XXXV), decorrente da

---

[296] *Cf*. YARSHELL, Flávio Luiz. *Antecipação da prova sem o requisito da urgência e direito autônomo à prova*. São Paulo: Malheiros, 2009. p. 146-147.

garantia de acesso à Justiça, pondo a salvo qualquer situação que demande tutela jurisdicional, mesmo que não prevista em lei[297].

No sistema processual antigo, o poder geral de cautela permitiu a utilização das chamadas cautelares inominadas que, apesar de não terem previsão expressa, podiam ser requeridas ao juiz, de forma que qualquer situação de risco pudesse ser objeto de tutela jurisdicional. O novo Código, por sua vez, extinguiu o Livro III do CPC/1973 ("Do Processo Cautelar"), mas transportou as medidas lá previstas para o âmbito do poder geral de cautela do juiz, como se extrai do Art. 297 supratranscrito[298].

Como aponta Gajardoni, existia verdadeira celeuma doutrinária sobre a possibilidade de o magistrado, de ofício, conceder tutela cautelar com fundamento no poder geral de cautela, prevalecendo corrente intermediária que "sustenta o poder de concessão de ofício em caráter excepcional, exclusivamente em situações de risco extremo ou quando haja lei expressamente autorizando a medida protetiva"[299].

Nessa linha de pensamentos, Marcus Vinícius de Abreu Sampaio e Giselle Kodani, entendem que somente em situações excepcionais se justificaria a atuação *ex officio* do juiz, na hipótese de este constatar que há risco de sério comprometimento das finalidades do processo e, "para tanto, deve estar presente, além dos requisitos necessários à concessão das cautelares em geral (*periculum in mora* e *fumus boni iuris*), interesse público extraordinário a justificar a atuação oficiosa do magistrado"[300].

Percebe-se, do explanado, que, mesmo nos casos envolvendo urgência, a admissão da atuação oficiosa do magistrado dependia do preenchimento de condições excepcionais que legitimassem sua conduta. Assim sendo, aceitar-se que, nas situações em que inexiste a cautelaridade no pleito da antecipação probatória, o juiz poderia, de ofício, determinar

---

[297] *Cf.* GAJARDONI, Fernando da Fonseca. A moderna ótica do poder geral de cautela do juiz. *In*: ARMELIN, Donaldo (coord.). *Tutelas de urgência e cautelares:* Estudos em homenagem a Ovídio A. Baptista da Silva. São Paulo: Saraiva, 2010. p. 534.

[298] GAJARDONI, Fernando da Fonseca. *Teoria geral do processo: comentários ao CPC de 2015*: parte geral. São Paulo: Forense, 2015. p. 811.

[299] GAJARDONI, Fernando da Fonseca. A moderna ótica do poder geral de cautela do juiz. *In*: ARMELIN, Donaldo (coord.). *Tutelas de urgência e cautelares*: Estudos em homenagem a Ovídio A. Baptista da Silva. São Paulo: Saraiva, 2010. p. 534.

[300] SAMPAIO, Marcus Vinícius de Abreu; KODANI, Giselle. O poder geral de cautela do juiz – novos rumos. *In*: MACHADO, Antônio Cláudio da Costa; VEZZONI, Marina (org.). *Processo cautelar*: estudos avançado. Barueri, SP: Manole, 2010. p. 51-52.

medidas que tencionem estimular a autocomposição entre os conflitantes parece extrapolar os deveres-poderes que lhe foram conferidos pela lei.

O debate do tema, por si só, ensejaria um trabalho com estudos profundos e específicos, situação que torna inviável sua abordagem na presente obra. Entretanto, algumas ponderações devem ser realizadas, tanto no sentido da possibilidade da atuação oficiosa do juiz, quanto na inadmissibilidade dela no procedimento da antecipação probatória sem o requisito cautelar.

Em primeiro lugar, devemos anotar que a capacidade de o juiz atuar oficiosamente decorre do devido processo legal, mais propriamente do princípio do contraditório, já que sua participação fomenta o debate sobre questões de ordem pública e outras matérias que independem de provocação das partes. Na lição de Rogério Licastro Torres de Mello, a participação plena do magistrado, a partir desse enfoque entronizado pelo contraditório, garante a obtenção da jurisdição de qualidade[301].

Aqui, devemos fazer importante anotação. Como se sabe, a auto-composição somente é possível quando envolver direitos disponíveis ou indisponíveis passíveis de transação, nos termos do Art. 3º da Lei nº 13.140, de 26 de junho de 2015. A natureza disponível dos direitos passíveis de solução extrajudicial se opõe à essência que abarca as matérias de ordem pública, cujo preponderante interesse social e a normatização asseguradora desse interesse as qualificam como indisponíveis[302]. Dessa forma, poder-se-ia assumir que o magistrado não tem competência para atuar de ofício no procedimento da antecipação probatória com vistas à autocomposição, pois os direitos substanciais relacionados à prova que se pretende antecipar não detêm caráter indisponível.

Teoricamente, contudo, vislumbraríamos a oportunidade de o juiz determinar a produção antecipada de determinada prova, no curso de um procedimento já instaurado, ao verificar que, apesar da natureza disponível do direito em jogo, corre o risco de perecimento. Em verdade, a Constituição Federal tutela, em seu Art. 5º, XXXV, a inafastabilidade do Judiciário para apreciação de ameaça ou lesão a qualquer direito, não havendo restrição quanto à sua natureza. Nesse caso, o supramencionado dever geral de cautela seria fulcro autorizador para a proteção, por via da antecipação probatória oficiosa, de um direito sob risco (ou mesmo de uma

---

[301] MELLO, Rogério Licastro Torres de. *Atuação de ofício em grau recursal*. São Paulo: Saraiva, 2010. p. 42.

[302] MELLO, Rogério Licastro Torres de. *Atuação de ofício em grau recursal*. São Paulo: Saraiva, 2010. p. 48.

prova cuja produção esteja ameaçada), quando qualquer dos interessados no procedimento não tenha avistado a probabilidade de perecimento de uma prova relevante para os fins que se almeja na demanda.

Outrossim, como observado anteriormente, o juiz não se pronunciará sobre a ocorrência ou a inocorrência do fato, nem sobre as respectivas consequências jurídicas. Realizada a prova, será proferida sentença puramente formal, que se limitará a declarar a colheita da prova, sem emitir qualquer pronunciamento sobre seu conteúdo. Portanto, o magistrado não analisará o mérito do direito evidenciado (ou não) pela prova produzida, mas tão somente cuidará do regular trâmite do procedimento. Tal assertiva nos permite afirmar que, para garantir a regularidade procedimental, imprescindível se faz zelar pelo contraditório, especialmente no que tange à perquirição de informações que serão necessárias para formação da convicção dos interessados.

Assim sendo, o contraditório – inegavelmente tema de ordem pública – seria o alicerce que permitiria ao magistrado, no curso do procedimento em estudo, determinar, de ofício, a produção de provas além daquelas pleiteadas pelo autor ou eventualmente pelo réu, maximizando-se a colheita de dados e informações para garantia de uma solução consensual adequada e justa aos interesses das partes.

De outra forma, poder-se-ia alegar que o princípio dispositivo não permitiria ao juiz determinar medidas para além daquelas demandadas pelos sujeitos processuais, restringindo sua atuação aos limites propostos pelos interessados.

No tópico sobre princípios do direito probatório, estudou-se o princípio dos deveres-poderes instrutórios do juiz. Naquele momento, foi afirmado que o processo é orientado pelo princípio dispositivo: o processo começa pela iniciativa das partes, que determinam e fixam seu objeto, vinculando o juiz quanto ao mesmo, não podendo decidir fora, além ou aquém dos limites pleiteados. Também se demonstrou, contudo, que, após a submissão do caso à apreciação judiciária, o princípio dispositivo fica sujeito a exceções, autorizando que o magistrado movimente a máquina judiciária independentemente da provocação das partes, configurando o chamado princípio inquisitivo. Por este último, detém o juiz aptidão de dar efetividade ao aspecto instrumental do processo, visando, ao fim, possuir condições técnicas para decidir o mérito da demanda, cujo objeto, este sim, se orienta pelo princípio dispositivo.

No procedimento da produção antecipada da prova, não há resolução meritória pelo magistrado, o que nos induz a crença de que ele não teria poderes para dinamizar o processo com intuito preparatório-decisório. Entretanto, firmando-se na ideia que até o momento se expôs, poderia o juiz, inquisitorialmente, coletar elementos informativos com o fito de dar consistência instrumental ao procedimento, permitindo-se aos interessados a tomada de decisões com base em sólido acervo probatório, tornando induvidosa a resolução escolhida para findar a contenda.

Finalmente, também poderia se alegar que o fato de os meios de solução de conflitos terem sido alocados, topograficamente, entre as normas fundamentais do processo civil (Art. 3º, §3º do CPC), devendo ser estimulados pelos juízes no curso do processo judicial, seria justificativa a permitir a atuação oficiosa do magistrado no procedimento probatório antecipado, desde que com isso se vise, por óbvio, fomentar a autocomposição.

Tendo em vista a novidade legislativa e a inexistência de posições consolidadas doutrinária e jurisprudencialmente, somente com o tempo e o exercício contumaz do procedimento em estudo será possível fixar qual dos pensamentos preponderará em nossa prática judicial.

5.2.2.7 O fomento à pacificação pela autocomposição

Acadêmica e jurisprudencialmente, como já se teve a oportunidade de demonstrar, se fala que a função da jurisdição estatal é pacificar os conflitos que surgem no meio social por via do processo. Entretanto, por ser método de solução heterocompositivo, imposto por um terceiro alheio às partes, mencionada pacificação não tem embasamento na vontade dos sujeitos em litígio, mas em fundamentos extrínsecos, o que nos impede de admitir a unanimidade pacificadora proposta pelo processo estatal.

Nessa linha de pensamentos, pode-se afirmar que a pacificação somente encontra plenitude se for estruturada no interesse dos sujeitos em litígio, sem a imposição resolutiva por um terceiro. Enquanto a solução por via heterocompositiva alimenta o que Kazuo Watanabe chama de "cultura da sentença", a autocomposição realiza a "cultura da pacificação"[303].

---

[303] WATANABE, Kazuo. A Mentalidade e os Meios Alternativos de Solução de Conflitos no Brasil. *In*: GRINOVER, Ada Pellegrini; WATANABE, Kazuo; LAGRASTA NETO, Caetano (coord.). *Mediação e gerenciamento do processo*: revolução na prestação jurisdicional: guia prático para a instalação do setor de conciliação e mediação. São Paulo: Atlas, 2013. p. 10.

Analisando o Anteprojeto do Novo CPC, percebe-se a comunhão desse pensamento e a intenção de se criar uma legislação que pudesse atender aos anseios pacificadores de que necessitam a sociedade em litígio. Realmente, na 5ª Audiência Pública promovida pela Comissão de Juristas Responsável pela Elaboração de Anteprojeto de Código de Processo Civil, concluiu-se que "uma boa lei processual não resolve problemas sociológicos. Apesar do ensinado nas academias, a sentença não pacifica; já os meios que contam com a participação dos envolvidos, como conciliação e mediação, são mais efetivos para alcançar este fim"[304].

O problema da litigiosidade social, realmente, não tem natureza jurídica, mas sociológica. O processo é apenas instrumento de adjudicação, pelo Estado, do conflito que nasce em sua jurisdição e tem por finalidade preservar sua própria integridade, evitando-se a utilização da autotutela e a instauração de um caos que remontaria os tempos mais primitivos da humanidade.

A concentração, pelas mãos estatais, da resolução dos litígios, aliada à supracitada cultura da sentença, deu contornos excepcionais ao diálogo, à negociação e aos meios extrajudiciais de solução de conflitos. A consequência disso se observa na sobrecarga de demandas no Poder Judiciário, na morosidade do sistema, na perpetuação temporal dos confrontos interpessoais e na falência do propósito jurisdicional.

Foi afirmado que o novel CPC teve sua inspiração extraída, no que tange à prova antecipada, no sistema *common law*. No magistério de Eduardo Cambi, do qual podemos extrair a reflexão para o tema no Brasil, a redução de causas que chegariam à apreciação pelo Poder Judiciário com a bem-sucedida implementação da política da consensualidade na resolução de conflitos permitiria que os magistrados se debruçassem sobre quantidades menores de processos e se dedicassem com maior profundidade ao exame das causas. Ademais, os acordos trariam aos interessados a certeza de que não conseguiriam solução mais vantajosa de outra maneira, contribuindo para a pacificação social[305].

Dessa maneira, alimentar os meios alternativos de solução de controvérsias desponta como necessidade para reestruturação das próprias finalidades do Estado, especialmente a de manter em paz seus cidadãos.

---

[304] BRASIL. *Código de Processo Civil*: anteprojeto. Comissão de Juristas Responsável pela Elaboração de Anteprojeto de Código de Processo Civil. Brasília: Senado Federal, Presidência, 2010. p. 347).

[305] *Cf.* CAMBI, Eduardo. Discovery no processo civil norte-americano e efetividade da justiça brasileira. Revista de Processo, v. 245/2015, p. 425-444, jul. 2015.

A prova produzida antecipadamente pode ter esse condão de facilitar a solução autocompositiva por permitir a prévia busca e troca de informações entre as partes interessadas, bem como o estabelecimento de estruturas dialógicas que contemplem a composição do conflito pelos próprios envolvidos.

5.2.2.8 Desafio à cultura da litigiosidade jacente

Talvez o maior obstáculo ao sucesso da produção antecipada de provas para fins autocompositivos seja a existência de uma cultura estritamente litigiosa de se visualizar os conflitos de interesses e sua resolução no País. Nesse quadro, a concessão legal de meio que fomenta soluções extrajudiciais de contendas pode ser inócua se inexistir uma conjunção de ações, nos campos sociais e jurídicos, visando revolucionar paradigmas e transformar os costumes seculares predominantes.

Normativamente falando, foi observado que o Código de Processo Civil de 2015 enfatiza a solução consensual de conflitos, criando estruturas para oportunizar os meios não litigiosos de resolução de confrontos, determinando a atuação estimuladora, dos diversos sujeitos processuais, em busca da pacificação via autocomposição e até mesmo embaraçando a heterocomposição judiciária.

Antes do Código vigente, a Lei n.º 9.307/1996 — Lei da Arbitragem — ampliara a utilização desse mecanismo de solução extrajudicial de litígios. Todavia, como se constata na prática, dito meio ainda se circunscreve às controvérsias entre pessoas jurídicas de médio e grande porte, com potencial econômico para arcar com os altos custos de um processo arbitral. Como lembra Torres de Mello, o cidadão comum não tem proximidade ou familiaridade com a arbitragem que, desde sua gênese, segregou sua atividade àquelas personagens que suportam os importes processuais e às causas de destacado valor econômico. Ademais, a habitualidade à condução dos problemas ao Judiciário para resolução litigiosa é regra da qual, talvez, nem se saiba haver exceção[306].

Releva mencionar que a Lei dos Juizados Especiais – Lei n.º 9.099/1995 – impulsionou a realização de acordos em sede judicial, sendo, hodiernamente, importantíssimo instituto para a promoção de soluções consen-

---

[306] *Cf.* TORRES DE MELLO, Rogério Licastro. O projeto de Novo CPC e a ação probatória não cautelar: variações a respeito do tema. *Revista de Processo*, v. 233/2014, p. 85-96, jul. 2014.

suais em causas de menor complexidade e valor reduzido. Apesar desse aparente sucesso, o fato de ter de se buscar o Poder Judiciário para se atingir a conciliação revela a predominância da cultura pró-sentença, da qual pouco se tenta evitar pelos jurisdicionados e operadores jurídicos.

A Lei n.º 13.140/2015, que dispõe sobre a mediação entre particulares e sobre a autocomposição no âmbito da administração pública, por sua recente criação, tem sua incorporação na prática forense dependente, assim como o Código Processual, da assimilação, pelos operadores do Direito, dos ideais que envolvem a efetivação dos meios alternativos de solução de conflitos.

Sobre tais ideais, fundamentos que ditam a necessidade atual de se optar pelos meios extrajudiciais de resolução de confrontos e que catalisam a mudança comportamental da sociedade – da cultura de litígio para a cultura da pacificação –, entendemos que sua absorção pela academia jurídica é o passo crucial para êxito de tudo o que se propõe pela legislação pró autocomposição.

Kazuo Watanabe destaca que a formação acadêmica dos operadores do Direito é voltada, essencialmente, para a solução contenciosa e adjudicada dos conflitos, não se notando investimentos maiores na formação e treinamento de profissionais atuantes nos meios alternativos de resolução de controvérsias[307].

Para o professor, a mentalidade construída nas universidades é fortalecida na práxis forense, em que, apesar da sobrecarga de serviços, os magistrados preferem sentenciar em detrimento de buscar conciliar as partes[308]. Comprova dita afirmação os números trazidos pelo Conselho Nacional da Justiça em seu relatório anual que divulga a realidade dos tribunais brasileiros, com detalhamentos da estrutura e litigiosidade, além de indicadores e de análises essenciais para subsidiar a Gestão Judiciária

---

[307] *Cf.* WATANABE, Kazuo. A Mentalidade e os Meios Alternativos de Solução de Conflitos no Brasil. *In*: GRINOVER, Ada Pellegrini; WATANABE, Kazuo; LAGRASTA NETO, Caetano (coord.). *Mediação e gerenciamento do processo*: revolução na prestação jurisdicional: guia prático para a instalação do setor de conciliação e mediação. São Paulo: Atlas, 2013. p. 6.

[308] *Cf.* WATANABE, Kazuo. A Mentalidade e os Meios Alternativos de Solução de Conflitos no Brasil. *In*: GRINOVER, Ada Pellegrini; WATANABE, Kazuo; LAGRASTA NETO, Caetano (coord.). *Mediação e gerenciamento do processo*: revolução na prestação jurisdicional: guia prático para a instalação do setor de conciliação e mediação. São Paulo: Atlas, 2013. p. 7.

brasileira. No ano de 2015, quase 74 milhões de processos estavam em trâmite na Justiça, aumento de 3% em relação a 2014[309].

Considerando-se que o último censo demográfico divulgado pelo IBGE aponta a população brasileira no total de pouco mais de 190 milhões de habitantes[310], chegamos à incrível e absurda conclusão de que há, praticamente, um processo para cada dois brasileiros. Ou seja, "toda a população" nacional está em dissídio, seja no polo ativo, seja no polo passivo da demanda.

O mesmo relatório anual do CNJ ainda revela gráficos interessantes relativamente à conciliação no Poder Judiciário. Em 2015, apenas 21% dos processos na Justiça foram resolvidos por meio da conciliação. Detalhadamente, 18% dos processos na Justiça Estadual (a mais abarrotada de demandas no País) foram solucionados por via conciliatória; 8% das demandas tramitadas na Justiça Federal tiveram o mesmo desfecho; enquanto 45% dos dissídios trabalhistas foram resolvidos de igual maneira[311]. A quase insignificância dos números gerais, em comparação à quantidade de processos à espera de uma resolução via sentença, explicita a urgente e imprescindível transformação a que deve passar a mentalidade do operador jurídico e da própria sociedade.

Ante tal cenário, vislumbra-se, na produção antecipada de provas para fins autocompositivos, um "poderoso mecanismo de contenção da litigiosidade"[312]. Realmente, o procedimento permite, ao jurisdicionado, aferir se possui ou não possui elementos que confirmariam a existência de um fato que lhe seria gerador de direitos, permitindo a avaliação quanto suas chances num processo judicial, nutrindo-lhe de informações úteis à efetivação de uma potencial solução extrajudicial.

Para tanto, porém, a proposição legal desafiará a resistência à autocomposição no Brasil e dependerá de esforços coligados da comunidade jurídica, especialmente a acadêmica. Em resumo, a educação em favor

---

[309] *Cf.* CONSELHO NACIONAL DE JUSTIÇA. *Justiça em números 2016*: ano-base 2015/Conselho Nacional de Justiça. Brasília: CNJ, 2016. p. 42. Disponível em: http://www.cnj.jus.br/files/conteudo/arquivo/2016/10/b8f46be3dbbff344931a933579915488.pdf. Acesso em: 21 out. 2016.

[310] Disponível em: http://www.censo2010.ibge.gov.br/sinopse/index.php?dados=13&uf=00. Acesso em: 21 out. 2016.

[311] *Cf.* CONSELHO NACIONAL DE JUSTIÇA. Justiça em números 2016: ano-base 2015/Conselho Nacional de Justiça. Brasília: CNJ, 2016. p. 66. Disponível em: http://www.cnj.jus.br/files/conteudo/arquivo/2016/10/b8f46be3dbbff344931a933579915488.pdf. Acesso em: 21 out. 2016.

[312] TORRES DE MELLO, Rogério Licastro. O projeto de Novo CPC e a ação probatória não cautelar: variações a respeito do tema. *Revista de Processo*, v. 233/2014, p. 85-96, jul. 2014.

da extrajudicialidade das soluções de conflitos é pedra angular para a revolução cultural necessária à efetividade do instituto em estudo e dos meios alternativos de composição de confrontos em geral.

CONSIDERAÇÕES FINAIS

O Código de Processo Civil de 2015, por diversas passagens de seu texto, visou estimular os meios alternativos de resolução de controvérsias, adotando a consensualidade como verdadeira política pública, no intento de reduzir o contingente de demandas levadas para apreciação pelo Poder Judiciário, bem como para promover a autêntica pacificação social, obtida com maior sucesso quando resultada de solução dialógica entre os contendentes.

Dentre os meios explorados pelo Código para fomentar referida consensualidade, encontra-se a produção antecipada de provas instrumentalizada para viabilizar a autocomposição ou outro meio adequado de solução de conflito. Prevista no atual Art. 381, II, do CPC, a antecipação probatória que objetiva aqueles fins consagra o antigo pleito acadêmico de reconhecimento do direito autônomo à prova e de disponibilização de meios legais para sua efetivação.

Para entendermos os fundamentos jurídicos que embasaram a transformação legislativa, buscou-se apresentar todo o suporte normativo e doutrinário relativo ao direito à prova. Dessa forma, em um primeiro instante, estudou-se a teoria geral da prova, dando-se ênfase aos conceitos de prova, o seu objeto de incidência, sua finalidade, sua relação com a verdade, destinatários e princípios regentes.

Destacou-se, de tais temas, que a prova, para além do objetivo clássico de convencer o juiz, seria a principal forma de atuação das partes no processo. Ademais, asseverou-se a capacidade informativa da prova quanto às circunstâncias fáticas e jurídicas que lastreiam determinada situação, atuando como instrumento de formação da convicção das partes e determinando seu posicionamento frente ao conflito.

Entendendo-se a prova como fornecedora de elementos informativos às partes, rompe-se com o tradicional pensamento de que aquela se destinaria exclusivamente ao juiz. Mais do que isso, ao desvincular a prova da figura do magistrado e atrelá-la também às partes, revela-se a existência de um direito subjetivo à prova, sendo este dotado de caracteres próprios e cuja observância se mostra imprescindível para garantia do Estado de Direito. Nesse diapasão, expôs-se que o direito à prova tem fundamento na Constituição Federal, na legislação ordinária e, também, no Direito Internacional dos Direitos Humanos.

Com efeito, analisando as garantias do devido processo legal, do contraditório, da ampla defesa e do acesso à justiça, poder-se-ia extrair o direito à prova como um dos componentes de efetivação de referidos direitos constitucionais.

A prova, nesse sentido, compõe o conjunto de garantias do processo justo, pois confere a liberdade de acessar as fontes e meios de prova sem restrições que maculem ou descaracterizem o modelo de processo estabelecido pela Constituição Federal. Também integra o contraditório e ampla defesa, pois o pleno exercício desses direitos depende da asseguração dos meios a eles inerentes, dentre os quais está a prova. Igualmente, tem liame íntimo com o acesso à justiça, pois, para sua realização, é preciso proporcionar, em via jurisdicional, a instrução adequada para resolução das causas.

Além da percepção da existência do direito à prova, por meio de derivação de outras garantias constitucionais, seria possível conceber a fundamentalidade daquele de forma autônoma, a partir da interpretação do Art. 5º, LVI, da Constituição da República de 1988. Efetivamente, ao prescrever que "são inadmissíveis, no processo, as provas obtidas por meios ilícitos", a partir de leitura em sentido contrário, afirmar-se-ia que são admissíveis, em processo, as provas obtidas por meios lícitos. Logo, o direito à prova teria seu fundamento constitucional independente das garantias do processo justo, da ampla defesa, do contraditório e do acesso à justiça.

Como direito fundamental que é, a prova possui um núcleo essencial, parte inviolável de seu conteúdo sem a qual perde sua eficácia e sua fundamentalidade. São prerrogativas componentes do direito à prova a busca e o acesso à prova; o requerimento; a admissão; a participação na produção; a obtenção da valoração. Para os fins da obra, destacou-se a primeira das prerrogativas: o direito de buscar a prova e a ela ter acesso.

A busca e o acesso à prova são as prerrogativas do direito estudado que autorizariam, às partes, que pedissem ao Estado que interviesse somente para permitir a pesquisa e o registro de fatos. Mencionado aspecto não se vincularia à declaração de um direito em conflito numa demanda judicial, sendo suficiente, para sua satisfação, a garantia da obtenção de providencias de instrução sem a necessária interligação direta com o direito de ação exercido para pleito de declaratório de direito. Em suma, a busca e o acesso à prova se assemelhariam a um direito à investigação, pelas partes, dos fatos que abrangem a relação jurídica *probanda*.

A antecipação probatória sem requisitos cautelares é o modo juridicamente existente de se efetivar o direito autônomo à prova e as prerrogativas de busca e acesso probatórios. No CPC/2015, pela primeira vez em nossa história legislativa, abriu-se a possibilidade de se ajuizar ação de antecipação de provas sem necessidade de preenchimento de requisitos de urgência que caracterizavam a sistemática do Código de 1973.

O Código Processual de 2015, além de dispensar o *periculum in* mora como requisito de admissibilidade do procedimento da antecipação da prova, deixou de prever modalidades de prova passíveis de antecipação, podendo-se assegurar qualquer espécie de prova, seja ela típica ou atípica. Para tanto, basta que a prova que se visa antecipar seja suscetível de viabilizar a autocomposição ou outro meio adequado de solução de conflitos ou que o prévio conhecimento dos fatos justifique ou evite o ajuizamento de ação.

Após estudo acerca dos aspectos práticos do procedimento, especificou-se a pesquisa no assunto objeto do livro, qual seja, a antecipação da prova como instrumento de viabilização dos meios alternativos de solução de conflitos. No intento de se esclarecer o âmbito de aplicabilidade da prova antecipada com dita finalidade, sinteticamente se analisou os meios heterocompositivos e autocompositivos de solução de controvérsias.

Na sequência, procurou-se explicitar as inspirações estrangeiras que influíram na mudança legislativa, especialmente aquelas advindas do *common law*. Nesse sistema, a troca eficiente de informações e a revelação de provas e dados pelas partes colaboram para que os sujeitos em litígio obtenham, entre si, maior conhecimento de suas posições no confronto e tentem resolvê-lo sem a necessidade de decisão estatal.

Percebeu-se, portanto, que a prova antecipada, no sistema brasileiro, embebida de tais paradigmas, poderia estimular a autocomposição ao também permitir que as partes se informassem sobre os elementos que constituíram um direito em potencial, bem como que recolhessem elementos que, sob análise, confirmariam ou refutariam as diferentes versões fáticas nas quais se fundaria o conflito.

A ação probatória como via de informação às partes, aliás, foi o primeiro tema abordado quando considerações à proposta legislativa foram feitas. Nesse diapasão, definiu-se que, na autocomposição, as partes devem buscar, a partir de elementos como o acervo probatório, formas de avaliar suas chances em potencial demanda, já que o próprio sentido da autocomposição torna indispensável o melhor conhecimento fático pelos sujeitos, evitando-se, de tal forma, resoluções inadequadas. A ação probatória permitiria oportunizar, aos interessados, a reflexão e o amadurecimento de suas conclusões sobre os fatos que poderiam ensejar um pleito judicial, assim como os ricos que envolveriam a propositura de uma demanda.

Com o maior domínio dos elementos informativos que compõem a estrutura fática da lide, as partes teriam melhores condições para poder definir os rumos de seus interesses, permitindo-se o estabelecimento de relações visando a solução do conflito da maneira mais adequada. Nesse raciocínio, desponta-se a autocomposição como um meio realmente pacificador de confrontos para os casos em que os contendentes estão plenamente esclarecidos quanto aos limites que permeiam suas pretensões.

O pleno esclarecimento, a autorreflexão, a ponderação dos interesses e o enriquecimento informativo decorreriam, outrossim, da natureza dúplice que qualifica a ação probatória autônoma. Afinal, embora o CPC/2015 tenha previsto a possibilidade de a parte adversa pleitear, na mesma ação, a produção antecipada de determinada prova, o acervo produzido pelo autor também serve ao réu, já que a prova visa verificar e demonstrar fatos, sendo incorporada ao processo sem manter elo exclusivo com seu produtor, podendo ser utilizada em comunhão por qualquer dos interessados.

Para que a antecipação da prova com o fito de viabilizar a autocomposição seja bem-sucedida em seu propósito e para que seja aplicada de maneira apropriada, mister se faz, às partes, que cumpram com deveres e respeitem as limitações que o ordenamento jurídico impõe.

Exsurge, assim, a boa-fé, a probidade e a lealdade na condução dos atos no processo como alicerces do procedimento. Ao lado de tais deveres, apresenta-se o dever de veracidade e o de se orientar, na ação, conforme os elementos pré-constituídos na antecipação da prova, não podendo se alterar a verdade dos fatos ou se alegar fatos inverídicos. Igualmente, o modelo cooperativo de processo exige que os interessados atuem de forma conjunta, sem recorrer a comportamentos ardis, de má-fé ou danosos à parte adversa, a fim de se garantir a justiça ao resultado da demanda.

A PRODUÇÃO ANTECIPADA DE PROVAS COMO INSTRUMENTO DE VIABILIZAÇÃO DOS MEIOS ALTERNATIVOS DE SOLUÇÃO DE CONFLITOS

Além dos deveres mencionados, a não produção de prova ilícita se afigura como sustentáculo garantidor da lisura do procedimento. Efetivamente, a solução autocompositiva fundada na ilicitude de uma prova deturpa os valores tutelados e os objetivos pretendidos pela norma processual, sendo inadmissível pelo ordenamento jurídico sua manutenção, sob pena de violação de toda a ordem constitucional.

Também o abuso de direito deve ser coibido, na produção probatória antecipada, a fim de se evitar que acordos sejam realizados em condições inadequadas ou por meio de coação. Para tanto, devem ser obedecidos os requisitos indispensáveis para exercício da ação de produção de provas, tendo, o juiz, o papel de zelar para que os pressupostos sejam preenchidos.

Quanto à coação, logo que o magistrado perceba que a produção de provas visa simplesmente ameaçar a parte contrária, facilitando, assim, a promoção de um acordo, deve ele agir de forma a impedir que que haja a solução alternativa do confronto em condições desfavoráveis a um dos contendentes. Constatando a vulnerabilidade de uma das partes, manifestada, principalmente, pela incompreensão de sua posição no processo e pela disparidade técnica e/ou econômica; ou que uma das partes emprega meios desleais; ou que um direito está em vias de ser neutralizado, injustamente, em consequência de um acordo; deverá o magistrado intervir para que não se consume a solução autocompositiva manipulada.

Aliás, sobre os deveres-poderes do magistrado, importante enfoque foi dado ao assunto, já que a legislação pouco estatuiu e muitos questionamentos são levados à discussão. Nesse aspecto, demonstrou-se que há pensamento doutrinário entendendo que a atuação do juiz, em matéria probatória, deveria garantir às partes o fornecimento de elementos que permitissem a avaliação, pelos sujeitos, de seus riscos, solidificando posições e permitindo a atuação em juízo de forma consciente e segura, ou informá-los de suas fragilidades, possibilitando uma solução autocompositiva. Nessa linha de ideias, o poder de instrução do juiz, na antecipação probatória para fins de solução autocompositiva, seria tão intenso quanto nos casos em que envolveria o risco de perecimento da prova.

Ademais, com fundamento no chamado "dever geral de cautela", deveria o magistrado atuar de maneira ativa, e até oficiosa, para garantir que uma prova não perecesse, mesmo que a parte não tenha vislumbrado tal risco na propositura da ação probatória autônoma. Dessa forma, poderia o juiz, inquisitorialmente, coletar elementos informativos com o fito de dar consistência instrumental ao procedimento, permitindo-se aos interessados a tomada de decisões com base em sólido acervo probatório, tornando induvidosa a resolução escolhida para findar a contenda.

Em suma, vislumbrar-se-ia o fomento à pacificação via autocomposição através da antecipação probatória. Realmente, considerando-se que a pacificação somente encontra resultados absolutos quando estabelecida no interesse dos sujeitos em conflito, sem a imposição resolutiva de terceiro alheio, a antecipação da prova alimentaria a chamada "cultura da pacificação" em detrimento à "cultura da sentença" existente no País.

O rompimento com a cultura da litigiosidade, ademais, talvez seja o maior obstáculo à implementação da antecipação probatória para fins autocompositivos. Nesse cenário, entendeu-se que a existência de meio que fomenta a autocomposição pode não ter qualquer efeito se se não tentar transformar os paradigmas e os costumes litigiosos predominantes na formação jurídica e na sociedade em geral.

Em resumo, a ação probatória autônoma instrumentalizada para resolver conflitos por via da autocomposição ou outro meio adequado pode ter grande repercussão e utilidade em nosso sistema processual se sua implementação for aceita na práxis jurídica e se houver adequada abordagem em meio acadêmico.

Ao fornecer elementos informativos às partes sobre o conjunto fático que enseja a tutela de um direito, a ação probatória tem o escopo de orientar os sujeitos à tomada das decisões mais pertinentes à proteção de seus interesses, despontando-se a solução consensual como forma genuinamente pacificadora de um conflito quando fundada no pleno conhecimento e domínio das circunstâncias fáticas pelos contendentes.

Seja como for, a fim de se evitar a abusividade no uso do instrumento processual e a nocividade que pode adquirir seu emprego incorreto, deve o postulante da prova demonstrar a vinculação desta com a afirmada situação de direito material em potencial controvérsia para que se justifique a intervenção do Poder Judiciário. Com efeito, a tutela do direito à prova deve guardar relação com a imprescindível demonstração da adequação entre a prova pretendida e a situação de direito material em disputa ou em vias de se controverter. Relativamente à autocomposição, deve o requerente da medida demonstrar a ligação entre a prova e o eventual conflito que busca compor consensualmente.

Adotando-se o roteiro proposto pelo sistema jurídico constitucional e processual, a tendência é que a antecipação probatória para fins autocompositivos seja frutífera e permita a resolução de grande contingente de contendas sem maior intervenção do Estado por meio da sentença que, como se obtemperou, não tem o condão de, verdadeiramente, pacificar os interesses divergentes.

A concreção dos objetivos pretendidos pelo legislador, ao criar mecanismos diversos para evitar o confronto judicial e insistir nos métodos autocompositivos de solução de conflitos, somente se tornará possível, porém, quando se vencer a cultura sentencial enraizada social, jurídica e academicamente. Optar-se pela solução consensual, além de se revelar escolha menos dispendiosa e morosa, também representa acreditar que o diálogo ainda se conserva como melhor recurso para pacificação humana.

Crer na possibilidade da pacificação dialógica significa crer, em resumo, na própria capacidade do ser humano de coexistir entre si; no grande potencial que temos de resolver, autonomamente, nossas divergências; e, especialmente, na existência de uma realidade em que conflitos independam do poder imperativo estatal para sua resolução, pois a sociedade se mostrará em tal nível de evolução civilizatória que a consensualidade preponderará e determinará os rumos do equilíbrio social.

REFERÊNCIAS

ALMEIDA, Cleber Lúcio de. *Elementos da teoria geral da prova*: a prova como direito humano e fundamental das partes do processo judicial. São Paulo: Ltr, 2013.

ALVIM, Aruda. Notas sobre o projeto de novo Código de Processo Civil. *Revista de Processo*, São Paulo, ano 36, n. 191, p. 299-318, jan. 2011.

ALVIM, José Eduardo Carreira. *Teoria geral do processo*. 19. ed. Rio de Janeiro: Forense, 2016.

ANDREWS, Neil. *O moderno processo civil*: formas judiciais e alternativas de resolução de conflitos na Inglaterra. São Paulo: RT, 2009.

BARROSO, Luís Roberto. *Curso de direito constitucional contemporâneo*: os conceitos fundamentais e a construção do novo modelo. 5. ed. São Paulo: Saraiva, 2015.

BONDIOLI, Luis Guilherme Aidar. *Reconvenção no processo civil*. São Paulo: Saraiva, 2009.

BRUNI V.A., André. Da admissibilidade na produção antecipada de provas sem o requisito da urgência (ações probatórias autônomas no novo CPC). *In:* DIDIER JR., Fredie; JOBIM, Marco Félix; FERREIRA, William Santos (org.). *Grandes temas do Novo CPC*: Direito probatório. 2. ed. Salvador: Juspodivm, 2016.

BUENO, Cassio Scarpinella. *Curso sistematizado de direito processual civil*: procedimento comum: ordinário e sumário. 7. ed. São Paulo: Saraiva, 2014. v. 2, t. I.

BUENO, Cassio Scarpinella. *Manual de direito processual civil*: inteiramente estruturado à luz do novo CPC, de acordo com a Lei n. 13.256, de 4-2-2016. 2. ed. São Paulo: Saraiva, 2016.

CALDAS, Adriano; JOBIM, Marco Félix. A produção antecipada de prova e o novo CPC. *In:* DIDIER JR., Fredie; JOBIM, Marco Félix; FERREIRA, William Santos (org.). *Grandes temas do Novo CPC*: Direito probatório. 2. ed. Salvador: Juspodivm, 2016.

CÂMARA, Alexandre Freitas. *Lições de direito processual civil*: volume 3. 21. ed. São Paulo: Atlas, 2014.

CÂMARA, Alexandre Freitas. *O novo processo civil brasileiro*. São Paulo: Atlas, 2015.

CAMBI, Eduardo. *Direito constitucional à prova*. São Paulo, Revista dos Tribunais, 2001.

CAMBI, Eduardo. *A prova civil*: admissibilidade e relevância. São Paulo: Revista dos Tribunais, 2006.

CAMBI, Eduardo. Discovery no processo civil norte-americano e efetividade da justiça brasileira. *Revista de Processo*, v. 245/2015, p. 425-444, jul. 2015.

CARACIOLA, Andrea Boari. Inércia da jurisdição, dispositivo, demanda, impulso oficial e congruência da tutela jurisdicional. *In*: DELLORE, Luiz *et al. Teoria geral do processo contemporâneo*. São Paulo: Atlas, 2016.

CARACIOLA, Andrea Boari; SOUZA, André Pagani de; FERNANDES, L. E. S. Princípios informadores do direito processual civil. *In*: DELLORE, Luiz *et al. Teoria geral do processo contemporâneo*. São Paulo: Atlas, 2016.

CARVALHO, Fabrício de F. A prova e sua obtenção antecipada no Novo Código de Processo Civil. *In*: DIDIER JR., Fredie; JOBIM, Marco Félix; FERREIRA, William Santos (org.). *Grandes temas do Novo CPC*: Direito probatório. 2. ed. Salvador: Juspodivm, 2016.

CARMONA, Carlos Alberto. *Arbitragem e processo*: um comentário à Lei no 9.307/96. 3. ed. São Paulo: Atlas, 2009.

CHIMENTI, Ricardo Cunha. *Teoria e prática dos juizados especiais cíveis estaduais e federais*. 13. ed. São Paulo: Saraiva, 2012.

CHIOVENDA, Giuseppe. *Principios de derecho procesal civil*. Madri: Instituto Reus, 1977. t. II.

COSTA, Susana Henriques da. Comentários aos artigos 318 a 332. *In*: CABRAL, Antônio do Passo; CRAMER, Ronaldo (org.). *Comentários ao novo Código de Processo Civil*. Rio de Janeiro: Forense, 2015.

DELLEPIANE, Antonio. *Nova teoria da prova*. Campinas: Minelli, 2004;

DIDIER, Fredie; BRAGA, Paula Sarno; OLIVEIRA, Rafael Alexandria de. *Curso de direito processual civil*: teoria da prova, direito probatório, teoria do precedente, decisão judicial, coisa julgada e antecipação dos efeitos da tutela. 4. ed. Salvador: Juspodivm, 2009. v. 2.

DIDIER, Fredie; BRAGA, Paula Sarno; OLIVEIRA, Rafael Alexandria de. Ações probatórias autônomas: produção antecipada de prova e justificação. *Revista de Processo*, v. 218/2013, p. 13-45, abr. 2013.

DIDIER, Fredie; BRAGA, Paula Sarno; OLIVEIRA, Rafael Alexandria de. *Curso de direito processual civil*: teoria da prova, direito probatório, ações probatórias, precedente, coisa julgada e antecipação dos efeitos da tutela. 10. ed. Salvador: Juspodivm, 2015. v. 2.

DIDIER, Fredie; BRAGA, Paula Sarno; OLIVEIRA, Rafael Alexandria de. *Curso de direito processual civil*: introdução ao direito processual civil, parte geral e processo de conhecimento. 17. ed. Salvador: JusPodivm, 2015.

DINAMARCO, Cândido Rangel. *Instituições de direito processual civil*. São Paulo: Malheiros, 2009. v. III.

DUARTE, Zulmar. Comentários ao Art. 5º do Código de Processo Civil. *In:* GAJARDONI, Fernando da Fonseca. *Teoria geral do processo:* comentários ao CPC de 2015: parte geral. São Paulo: Forense, 2015. p. 56.

FERREIRA, William Santos. *Princípios fundamentais da prova cível*. São Paulo: Revista dos Tribunais, 2014.

FERRER BELTRÁN, Jordi. *Prueba e verdad en el derecho*. 2. ed. Madri e Barcelona: Marcial Pons, 2005.

FISS, Owen. *Um novo Processo Civil*: estudos norte-americanos sobre Jurisdição, Constituição e sociedade. São Paulo: RT, 2004.

GAJARDONI, Fernando da Fonseca. A moderna ótica do poder geral de cautela do juiz. *In:* ARMELIN, Donaldo (coord.). *Tutelas de urgência e cautelares:* Estudos em homenagem a Ovídio A. Baptista da Silva. São Paulo: Saraiva, 2010.

GAJARDONI, Fernando da Fonseca. *Teoria geral do processo*: comentários ao CPC de 2015: parte geral. *São Paulo: Forense, 2015.*

GONÇALVES, Marcus Vinicius Rios. *Direito processual civil esquematizado*. Coordenador Pedro Lenza. 6. ed. São Paulo: Saraiva, 2016.

GONÇALVES, Marcus Vinicius Rios. *Novo curso de direito processual civil, volume 2*: processo de conhecimento (2a parte) e procedimentos especiais. 12. ed. São Paulo: Saraiva, 2016.

GRECO, Leonardo. *Instituições de processo civil* – Processo de conhecimento, volume II. 3. ed. Rio de Janeiro: Forense, 2015.

GRECO FILHO, Vicente. *Direito processual civil brasileiro, volume 2:* (atos processuais a recursos e processos nos tribunais). 22. ed. São Paulo: Saraiva, 2013.

GUERRA, Sidney. *O sistema interamericano de proteção dos direitos humanos e o controle de convencionalidade*. São Paulo: Atlas, 2013.

GUIMARÃES, Filipe. Medidas probatórias autônomas: panorama atual, experiência estrangeira e as novas possibilidades no direito brasileiro. *Revista de Processo*, v. 178/2009, p. 123-152, dez. 2009.

LANES, Júlio Cesar Goulart; POZATTI, Fabrício Costa. O juiz como o único destinatário da prova (?). *In:* DIDIER JR., Fredie; JOBIM, Marco Félix; FERREIRA, William Santos (org.). *Grandes temas do Novo CPC:* Direito probatório. 2. ed. Salvador: Juspodivm, 2016.

LAUX, Francisco de Mesquita. Relações entre a antecipação da prova sem o requisito da urgência e a construção de soluções autocompositivas. *Revista de Processo*, v. 242/2015, p. 457-481, abr. 2015.

LAUX, Francisco de Mesquita; Daniel Colnago. Antecipação da prova sem o requisito da urgência: primeiras reflexões à luz do novo CPC. *In:* DIDIER JR., Fredie; JOBIM, Marco Félix; FERREIRA, William Santos (org.). *Grandes temas do Novo CPC*: Direito probatório. 2. ed. Salvador: Juspodivm, 2016.

LOPES, João Batista. Direito à prova, discricionariedade judicial e fundamentação da sentença. *In:* DIDIER JR., Fredie; JOBIM, Marco Félix; FERREIRA, William Santos (org.). *Grandes temas do Novo CPC:* Direito probatório. 2. ed. Salvador: Editora Juspodivm, 2016.

LUCHIARI, Valeria Ferioli Lagrasta. *Mediação Judicial*: análise da realidade brasileira: origem e evolução até a Resolução n. 125, do Conselho Nacional de Justiça. Rio de Janeiro: Forense, 2012.

MARINONI, Luiz Guilherme; ARENHART, Sérgio Cruz. *Processo cautelar*. 6. ed. São Paulo: RT, 2014.

MARINONI, Luiz Guilherme; ARENHART, Sérgio Cruz. *Prova e convicção: de acordo com o CPC de 2015*. 3. ed. São Paulo: Revista dos Tribunais, 2015.

MARMELSTEIN, George. *Curso de direitos fundamentais*. 6. ed. São Paulo: Atlas, 2016, p. 171.

MEDEIROS NETO, Elias Marques de; LAUX, Francisco de Mesquita; RAVAGNANI, Giovani. S.; RODRIGUES, Felipe Roberto; APRIGLI ANO, R. C.; FERREIRA, William Santos. *A Defesa na Produção Antecipada de Provas* – Uma leitura constitucional do artigo 382, § 4º, do novo CPC. Disponível em: https://www.migalhas.com.br/depeso/245536/a-defesa-na-producao-antecipada-de-provas---uma-leitura-constitucional-do-artigo-382----4---do-novo-cpc. Acesso em: 20 fev. 2020.

MENDES, Gilmar Ferreira. *Direitos fundamentais e controle de constitucionalidade*: estudos de direito constitucional. 4. ed. São Paulo: Saraiva, 2012.

MIRANDA, Jorge. *Manual de Direito Constitucional*. 3. ed. Coimbra: Coimbra Editora, 2000. v. IV.

MONTENEGRO FILHO, Misael. *Curso de direito processual civil, volume 3*: medidas de urgência, tutela antecipada e ação cautelar, procedimentos especiais. 11. ed. São Paulo: Atlas, 2015.

MORAES, Alexandre de. *Direito constitucional*. 30. ed. São Paulo: Atlas.

MOREIRA, José Carlos Barbosa. O juiz e a prova. *Revista de processo,* São Paulo: Revista dos Tribunais, n. 35, 1984.

NERY JUNIOR, Nelson. *Código de processo civil comentado e legislação processual civil extravagante em vigor*. 5. ed. São Paulo: Revista dos Tribunais, 2001.

NEVES, Daniel Amorim Assumpção. *Ações probatórias autônomas*. São Paulo: Saraiva, 2008.

NEVES, Daniel Amorim Assumpção. *Manual de direito processual civil*. 8. ed. Salvador: Editora JusPodivm, 2016.

PAULA RAMOS, Vitor de. Direito fundamental à prova. *Revista de Processo*, v. 224/2013, p. 41-61, out. 2013.

PORTO, Guilherme Athayde. Notas às disposições gerais sobre prova no NCPC. *In*: DIDIER JR., Fredie; JOBIM, Marco Félix; FERREIRA, William Santos (org.). *Grandes temas do Novo CPC*: Direito probatório. 2. ed. Salvador: Juspodivm, 2016.

PUCCINELLI JÚNIOR, André. *Curso de direito constitucional*. 2. ed. São Paulo: Saraiva, 2013.

SAMPAIO, Marcus Vinícius de Abreu; KODANI, Giselle. O poder geral de cautela do juiz – novos rumos. *In*: MACHADO, Antônio Cláudio da Costa; VEZZONI, Marina (org.). *Processo cautelar*: estudos avançados. Barueri, SP: Manole, 2010.

SANTOS, Moacyr Amaral. *Primeiras Linhas de Direito Processual Civil*. 27. ed. São Paulo: Saraiva, 2011. v. 2.

SARLET, Ingo Wolfgang; MARINONI, Luiz Guilherme; MITIDIERO, Daniel. *Curso de direito constitucional*. São Paulo: Revista dos Tribunais, 2012.

SARLET, Ingo Wolfgang; MARINONI, Luiz Guilherme; MITIDIERO, Daniel. *A eficácia dos direitos fundamentais*. 11. ed. Porto Alegre: Livraria do Advogado, 2012.

SILVA, De Plácido e. *Vocabulário jurídico*. Rio de Janeiro: Forense, 2008.

SILVA, José Afonso da. *Curso de direito constitucional positivo*. 35. ed. São Paulo: Malheiros, 2012.

SILVA, Sandoval Alves da. Acesso à justiça probatória: negativa de tutela jurisdicional como consequência de negativa de convicção judicial. *Revista de Processo*, v. 232/2014, p. 37-65, jun. 2014.

SILVA, Solange Sprandel. *Direito probatório e sua valoração no processo civil*. Florianópolis: Insular, 2011.

SIOUFI FILHO, Alfred Habib. Negociação para resolução de controvérsias. *In*: BRAGA NETO, Adolfo; SALLES, Carlos Alberto de; LORENCINI, Marco Antônio Garcia Lopes; SILVA, Paulo Eduardo Alves da (coord.). *Negociação, mediação e arbitragem* – curso básico para programas de graduação em Direito. São Paulo: Método, 2012.

SOUZA, Bernardo Pimentel. *Execuções, cautelares e embargos no processo civil*. São Paulo: Saraiva, 2013.

STRECK, Lenio Luiz. As provas e o novo CPC: a extinção do poder de livre convencimento. *In*: DIDIER JR., Fredie; JOBIM, Marco Félix; FERREIRA, William Santos (org.). *Grandes temas do Novo CPC*: Direito probatório. 2. ed. Salvador: Juspodivm, 2016.

SUCUNZA, Matías A.; VERBIC, Francisco. Prueba anticipada en el nuevo Código Procesal Civil: un instituto relevante para la composición eficiente, informada y justa de los conflictos. *In*: DIDIER JR., Fredie; JOBIM, Marco Félix; FERREIRA,

William Santos (org.). *Grandes temas do Novo CPC:* Direito probatório. 2. ed. Salvador: Juspodivm, 2016.

TALAMINI, Eduardo. Produção antecipada de prova no código de processo civil de 2015. *Revista de Processo*, v. 260/2016, out. 2016.

TALAMINI, Eduardo. Comentários ao artigo 381 do Novo Código de Processo Civil. *In:* CABRAL, Antonio do Passo; CRAMER, Ronaldo (coord.). *Comentários ao novo código de processo civil.* 2. ed. Rio de Janeiro: Forense, 2016.

TARTUCE, Fernanda. *Mediação nos conflitos civis.* 2. ed. Rio de Janeiro: Forense: 2015.

TARUFFO, Michele. *Processo civil comparado*: ensaios. São Paulo: Marcial Pons, 2013.

TESHEINER, José Maria. Direitos fundamentais, verdade e processo. *In:* DIDIER JR., Fredie; JOBIM, Marco Félix; FERREIRA, William Santos (org.). *Grandes temas do Novo CPC*: Direito probatório. 2. ed. Salvador: Juspodivm, 2016.

THEODORO JÚNIOR, Humberto. *Curso de Direito Processual Civil* – Processo de Execução e Cumprimento da Sentença, Processo Cautelar e Tutela de Urgência. Rio de Janeiro: Forense, 2014. v. II.

THEODORO JÚNIOR, Humberto. *Curso de Direito Processual Civil* – Teoria geral do direito processual civil, processo de conhecimento e procedimento comum. 56. ed. Rio de Janeiro: Forense, 2015. v. I.

THEODORO JÚNIOR, Humberto. *Curso de Direito Processual Civil* – Procedimentos Especiais. 50. ed. Rio de Janeiro: Forense, 2016. v. II.

THEODORO JÚNIOR, Humberto. *O processo justo*: o juiz e seus poderes instrutórios na busca da verdade real. Disponível em: http://www.amlj.com.br/artigos/118-o--processo-justo-o-juiz-e-seus-poderes-instrutorios-na-busca-da-verdade-real. Acesso em: 17 ago. 2016.

TORRES, Rogério Licastro. A cooperação processual no novo código de processo civil brasileiro. *In:* ARRUDA ALVIM, Thereza *et al.* (coord.). *O Novo Código de Processo Civil Brasileiro* – Estudos Dirigidos: Sistematização e Procedimentos. Rio de Janeiro: Forense, 2015.

TORRES DE MELLO, Rogério Licastro. *Atuação de ofício em grau recursal.* São Paulo: Saraiva, 2010.

TORRES DE MELLO, Rogério Licastro. O projeto de Novo CPC e a ação probatória não cautelar: variações a respeito do tema. *Revista de Processo*, v. 233/2014, p. 85-96, jul. 2014.

VIEIRA, Christian Garcia. *Asseguração de prova*. São Paulo: Saraiva, 2001.

WATANABE, Kazuo. A Mentalidade e os Meios Alternativos de Solução de Conflitos no Brasil. *In:* GRINOVER, Ada Pellegrini; WATANABE, Kazuo; LAGRASTA NETO, Caetano (coord.). *Mediação e gerenciamento do processo:* revolução na prestação jurisdicional: guia prático para a instalação do setor de conciliação e mediação. São Paulo: Atlas, 2013.

YARSHELL, Flávio Luiz. *Antecipação da prova sem o requisito da urgência e direito autônomo à prova*. São Paulo: Malheiros, 2009.

ZAPPAROLLI, Célia Regina. Procurando entender as partes nos meios de resolução pacífica de conflitos, prevenção e gestão de crises. *In:* BRAGA NETO, Adolfo; SALLES, Carlos Alberto de; LORENCINI, Marco Antônio Garcia Lopes; SILVA, Paulo Eduardo Alves da (coord.). *Negociação, mediação e arbitragem* – curso básico para programas de graduação em Direito. São Paulo: Método, 2012.